『区域经济现实问题研究』

中国西部城市群与文化产业发展

郑璞玉◎著

URBAN AGGLOMERATIONS AND
CULTURAL INDUSTRY CLUSTERS IN WESTERN CHINA

本书得到国家社会科学基金项目"边疆民族地区铸牢中华民族共同体意识的文化产业路径研究"（20XMZ073）的资助。

经济管理出版社
ECONOMY & MANAGEMENT PUBLISHING HOUSE

图书在版编目（CIP）数据

中国西部城市群与文化产业发展／郑璞玉著. —北京：经济管理出版社，2023. 11
ISBN 978-7-5096-9494-7

Ⅰ. ①中… Ⅱ. ①郑… Ⅲ. ①城市群—关系—文化产业—产业发展—研究—西北地区②城市群—关系—文化产业—产业发展—研究—西南地区 Ⅳ. ①F299. 27②G127

中国国家版本馆 CIP 数据核字（2023）第 234920 号

组稿编辑：王光艳
责任编辑：王光艳
责任印制：张莉琼

出版发行：经济管理出版社
　　　　　（北京市海淀区北蜂窝 8 号中雅大厦 A 座 11 层　　100038）
网　　　址：www. E-mp. com. cn
电　　　话：(010)51915602
印　　　刷：北京市海淀区唐家岭福利印刷厂
经　　　销：新华书店
开　　　本：720mm×1000mm /16
印　　　张：14. 5
字　　　数：243 千字
版　　　次：2025 年 6 月第 1 版　　2025 年 6 月第 1 次印刷
书　　　号：ISBN 978-7-5096-9494-7
定　　　价：68. 00 元

序

城市群是世界经济重心转移的重要承载地，已成为集聚国内乃至国际经济社会要素的巨大空间，其国家战略地位正在不断攀升。中国科学院院士陆大道先生认为，在经济全球化和新信息技术迅速发展的背景下，世界经济的"地点空间"正在被"流的空间"代替，世界经济体系的空间结构已逐步建立在"流"、连接、网络和节点的逻辑基础之上。它催生的一个重要结果就是塑造了对世界经济发展至关重要的"门户城市"，即各种"流"的汇集地，连接区域和世界经济体系的节点便是控制中心。当今世界处于世界性"流"的节点上，以高端服务业为主体的"门户城市"，对国家乃至世界经济的发展至关重要。我国京津冀、长三角、粤港澳大湾区三大城市群已经逐步建成对东亚及世界经济有重要影响的全球性"门户城市"与各种"流"的汇集地。这三大城市群，已经成为直接影响经济区域构建、具有全球竞争力的国家科技基地，是国家发展规划和区域性规划的重要目标。

"十一五"规划纲要首次提出将城市群作为推进城镇化的主体形态；党的十九大报告指出，要以城市群为主体构建大中小城市和小城镇协调发展的城镇格局；"十四五"规划纲要明确提出，发展壮大城市群和都市圈，推动城市群一体化发展，全面形成"两横三纵"城镇化战略格局。国家发改委在《"十四五"新型城镇化实施方案》（2022年6月21日）明确提出要"深入实施京津冀协同发展、长三角一体化发展、粤港澳大湾区建设等区域重大战略，加快打造世界一流城市群。积极推进成渝地区双城经济圈建设，显著提升经济实力和国际影响力。实施长江中游、北部湾等城市群发展'十四五'实施方案，推动山东半岛、粤闽浙沿海、中原、关中平原等城市群发展。引导哈长、辽中南、山西中部、黔中、滇中、呼包鄂榆、兰州—西宁、宁夏沿黄、天山北坡等城市群稳步发展"。目前，城市群已成为我国日益庞大的消费市场，其也是现代服务业市场的重要承载区。同时，人口和生产要素也正在向城市群集中，城市群上中下游产业链集群化、服务业供应链系统化的趋势将日益明显。

在城市群快速发展的进程中，其演变过程还存在诸多困境和风险，制约了城市群的发展壮大。从中国城市群内部发展现状来看，不同量级城市间的经济社会发展水平差距还存在，中心城市 GDP 在城市群 GDP 总量中的占比还在加大。城市群产业分工格局对城市群整体及内部不同量级城市的经济、社会、文化发展将造成怎样的影响，是中心城市不断挤压非中心城市的发展空间，还是通过发挥中心城市的扩散效应形成城市群内各城市共赢的格局，城市群内的分工模式是否能够促进产业结构的优化升级等问题都是在城市群发展过程中不可回避的。城市群战略的本质是打破制约城市发展的行政壁垒，消除市场分割，实现生产要素跨区域充分自由流动，进而实现区域经济一体化发展。因此，研究城市群在发展中面临的问题，具有重要的理论意义和实践价值。

早期，学者在论述城市群的内涵时，会不同程度地强调产业分工的重要性。刘友金和罗登辉(2009)认为，城市群内部大中小城市之间的分工协作是推动城市群形成、发展的动力因素。在城市群不断发展的过程中，城市间的产业分工模式由传统的部门间分工转变为部门内的产品间分工，进而演化成朝产业链分工方向发展的趋势，而城际战略产业链是构筑城市群产业体系的关键。赵勇和齐讴歌（2015）认为，随着流通成本的下降，城市之间的产业分工模式演变为生产性服务业在中心城市的集中，以及制造业向非中心城市的扩散。陈国亮和陈建军（2012）提出，在城市群发展实践中，制造业与服务业共同集聚或协同集聚的特征非常明显，在极化效应、扩散效应的作用下，中心城市会更多地承担管理、研发和服务的功能，生产功能则主要由城市群内部的中小城市承担，逐渐形成"中心城市集聚发展服务业，外围城市集聚发展制造业"的"中心—外围"产业分工结构。于光妍和周正（2021）以中国 11 个国家级城市群152 个地级及以上城市 2006~2018 年的平衡面板数据为研究样本，分析了城市群产业分工对经济增长的影响，发现整体来看，中心城市集聚发展服务业、外围城市集聚发展制造业的城市群产业分工模式显著地促进了城市群整体经济增长，说明该分工模式是符合比较优势原则的，既实现了资源要素的合理流动，又显著地促进了城市群的协同发展；从不同级别城市在城市群产业分工中的经济增长效应来看，非中心城市的经济增长效应显著高于中心城市，说明在产业分工模式下，非中心城市通过承接中心城市分散的制造业职能，能够显著拉动地区经济发展。当前，在以信息技术、人工智能、生物科技等高科技产业为代表的科技革命加速发展的趋势下，我国以产业为基础，追求区域间经济、社会和产业协同发展，通过城市群发展和人口集聚的拉动效应，城市群发展和产业迭代相互影响，创新了区域经济发展的模式，引起了广泛、深刻的社会变革。

文化是一种精神性要素，它始终渗透在城市群发展的总体进程中。文化产业的核心是内容生产，投入要素是思想、技能和创意，其作为独立的产业形态，已经成为影响城市群发展的一个重要因素，对城市群的发展有重要的战略意义。文化产业作为城市经济结构转型和新型城镇化建设的重要载体，在城市群和区域协同发展中扮演着重要的角色，对区域人才集聚度、科技竞争力、经济现代化水平的提高具有重要作用，是城市群实现区域协同发展的强劲动力源。

1999 年，西部大开发成为我国长期坚持的重大战略决策，这一决策的目标是改善我国西部地区发展不充分的现状，进而解决东、中、西部地区发展不平衡的问题。现今，城市群已成为我国西部地区吸引并承载各种资源的空间集聚体和经济增长的重要引擎，西部地区各级政府已将加快要素和现代产业集群发展、提升人口和经济集聚水平作为发展的重要内容。城市群的发展是一个漫长的过程，要合理认识其发展水平与阶段，深入探讨西部地区城市群的区域空间格局及其优化路径，充分发挥文化产业集群强大的文化内生动力和全面融合功能，相信我国西部大开发的脚步将越来越坚定有力，西部地区的明天会更加美好。

柴国君

2023 年 9 月

前　言

　　自20世纪90年代以来，产业集群问题一直是经济学和地理学研究的热点课题。从马歇尔（1890）指出产业集群形成的三个主要原因后，产业集群及其原因、影响就成为各国经济学家研究的重点。随着世界经济从"工业经济"向"文化经济"转变，文化产业集群逐渐成为国内外经济学界的研究热点。Scott（1996）从生产和分销的角度研究了文化产业集群的产生。Mommaas（2004）从短期和长期的角度分析了文化和创意在城市经济振兴中的作用，并通过对五个文化产业集群项目的研究，探讨了荷兰文化产业集群策略。在国内，学术界关于文化产业集群也有较为丰硕的研究成果。康小明和向勇（2005）基于Porter的产业集群理论和文化产业概念，提出了文化产业集群的概念。花建（2007）从产业丛和知识源的角度研究了文化创意集聚区，并认为政府部门、企业、大学和研究机构、中介服务机构是集聚区的四个基本组成部分，唯有四者有机结合，集聚区才能可持续发展。史征和刘小丹（2008）认为，文化产业集聚模式主要表现为政府扶持型、市场主导型和计划型三种，我国文化产业集聚的产生主要基于市场推动和政府培育。陈建军（2008）认为，环境、人才、文化、制度是影响文化创意产业集聚的重要因素。华正伟（2011）从不同方面论证了文化产业集群的规模经济效应、区域品牌效应、创新连锁效应、产业链效应等。解学芳和臧志彭（2017）认为，文化产业园区是文化产业集群的物理载体，文化产业集群的发展受制于地方资源、人口密度和本土政策。朱春阳和曾培伦（2020）认为，随着全球通信技术的快速发展，企业在区域内的集聚已不是产业集群所必需的，企业之间地理接近的重要性正在日益降低，产业集群正在日益朝着虚拟化的方向发展，企业间的线上合作比例逐渐高于线下合作。赵子辛和黄蕊（2023）认为，在信息时代，产业集群的结构发生了根本性改变，正在从传统的地理集群向网络化的虚拟集群发展。

当代城市，尤其是大城市，其空间范围或影响范围在客观上已经形成了一个由中心城市及周边城镇构成的城市集群，包括城市密集区、城市群、城市带、都市圈等多种城市群形态。国外城市集群发展动力研究始于韦伯（1997）的工业区位理论，随后 Howard（1902）、Burgess（1925）、Christaller（1933）等从不同角度探讨了影响城市集群发展的动力因素。以 Boudeville（1966）为首的研究者指出，在城市集群演化的初始阶段，城市化水平非常低，城镇体系的发展还不完善，因此应将资本、技术和人才等生产要素投向具有较大发展潜力、投资回报明显的区域中心城市。Friedmann（1966）进一步阐明了中心城市的极化作用是通过溢出效应带动周边城市经济增长并引发产业空间集聚的，这不仅会催生出新的区域中心城市，而且城市集群的自然规模及范围也会随之发生变化。

中国西部地区经过多年发展已形成一些城市（镇）密集区，许多学者依据城市群中心城市非农业人口数量超过 100 万的标准，确定西部地区 12 个省份中已形成八个城市群，即成渝城市群、关中平原城市群、天山北坡城市群、滇中城市群、兰白西城市群、呼包鄂城市群、黔中城市群等。由于城市群内部大中小城市及小城镇发展的多源性，城市群内部城市规模、等级结构的发展不一定会促进西部地区城市群的协调发展，西部城市群的形成与发展也还存在诸多问题，需要通过实现机制促进空间结构的重构或优化。

从目前国内外关于文化产业集群的研究现状来看，大多数学者的研究视角主要集中在对某一城市或地区文化产业集群的案例分析和实证研究上，而对城市群建设与文化产业集群发展两者之间是否存在一定的内在联系、是否存在互动关系等问题还没有进行深入系统的研究。部分学者忽略了文化产业集群和城市群的内在关联，仅仅探讨了文化产业集群演化机理和城市群演化机理，对基于文化产业集群的城市群演化的制度机制、动力机制、过程和模式分析、演化模型的构建和政策设计缺乏深入系统的研究。若能揭示两者的互动关系，提出西部地区城市群与文化产业集群互动协调发展的模式与路径，就能够探索出促进西部地区发展的新着力点。

2020 年 11 月，文化和旅游部出台的《关于推动数字文化产业高质量发展的意见》要求：在线上，完善文化产业"云、网、端"基础设施，打通"数字化采集—网络化传输—智能化计算"数字链条；在线下，围绕京津冀协同发展、长三角一体化发展、粤港澳大湾区发展等区域发展战略，培育创新要素富集、配套功能齐全的数字文化产业发展集聚区。由此可见，加速智能技术与文化产业的深度融合，推动文化产业线上线下一体化发展的政策导向，是未来文化产业集群发展的基本态势。2022 年 5 月，中共中央办公厅、国务院办公厅印发了《关于推进实施国家文化数字化战略的意见》，提出要发展数字化文化消费新场景，大力发展线上线下一体化、在线在场相结合的数字化文化新体验；构建完善的文化数据安全监管体系；培育一批新型文化企业，引领文化产业数字化建设新方向。数字技术与文化产业的融合是不可逆转的发展趋势，随着互联网、区块链、云计算等新技术与文化产业的紧密融合，数字文化产业应运而生，文化产业集群也从传统的地理集群向虚拟集群转变，相应的研究也由地理导向转变为组织导向，大大丰富了数字文化产业虚拟集群的相关理论与知识。如今，西部地区更需要积极迎接新挑战，顺应新态势，实现新发展，在数字化进程中推动城市群与数字文化产业融合互动，推进国家文化数字化战略的实施。

目 录

第一章

绪　论

　　19 世纪末，英国学者霍华德在他的著作《明日——一条通向真正改革的和平道路》(本书于 1898 年首次出版，之后以一个更为人知的题目《明日的田园城市》不断再版)中提到了田园城市理论，他认为最理想的城市应该是兼具城市和乡村优点的综合体，城市四周不是满眼杂乱的房屋，而是被农田围绕，市民可就近买到新鲜、多样的农产品，乡村的农产品也可通过最短距离进入消费市场。1919 年，英国田园城市和城市规划协会明确指出，田园城市是为健康、生活及产业而设计的城市，它的规模足以提供丰富的社会生活，但不应超过这一规模。霍华德还设想了田园城市的群体组合模式，即由六个单体田园城市围绕中心城市构成城市组群，他称之为"无贫民窟、无烟尘的城市群"。城市群内各城市间需以便捷的交通和快捷的通信相连，各城市在经济上相互独立，在政治上联盟，在文化上密切联系。城市和乡村相互渗透、紧密关联，形成一个整体化运作的城市系统。他认为，这种城市"组合群体"可以解决大城市的过度膨胀问题。1957 年，法国 Gottmann 发表了"*Megalopolis, or the Urbanization of the Northeastern Seaboard*"一文，开启了对城市群的研究，文中用"Megalopolis"一词描述美国东北海岸城市分布密集区域。"Megalopolis"是希腊词汇，意为"巨大城邦"。之后，Gottmann 于 1987 年出版了 *Megalopolis: The Urbanized Northeastern Seaboard of the United States* 一书，进一步深入而系统地研究了美国东北海岸城市分布密集区域，对"Megalopolis"的概念进行了笼统概括：一是国家的核心区域，承担着国家对外交往的枢纽性作用；二是交通网络发达、便捷；三是区域一体化水平高，城市分布密集，拥有一个或多个承担核心功能的大都市；四是人口规模庞大，一般在 2500 万人以上。Gottmann 把"Megalopolis"的形成和发展划分为城市孤立分散发展、区域城市体系形成、Megalopolis 雏形和

Megalopolis 形成四个阶段。Gottmann 的研究首先引起了欧美学者的关注，并提出了不同的概念，用以描述欧美其他国家的"Megalopolis"现象。1910年，美国预算总署在人口普查时提出了"都市区"（Metropolitan District，MD）的概念，将其定义为以一个人口规模在 10 万以上的中心城市为核心，包括周围 10 英里范围内的区域，或者包括周围虽然超过 10 英里，但城市连绵不断且人口密度超过 150 人/平方英里的区域。1949年，美国把"都市区"改称为"标准都市区"（Standard Metropolitan Area，SMA），1959年又改为"标准都市统计区"（Standard Metropolitan Statistical Area，SMSA），且把中心城市的人口规模降至 5 万以上[①]。20 世纪 80 年代以后，在标准都市统计区概念的基础上，美国预算总署又提出了"主要都市统计区"（Primary Metropolitan Statistical Area，PMSA）和"联合都市统计区"（Consolidated Metropolitan Statistical Area，CMSA 或 Combined Statistical Area，CSA）的概念，后将"标准都市统计区"将为"都市统计区"（Metropolitan Statistical Area，MSA），1990年统称为"都市区"（Metropolitan Area，MA）[②]。借鉴和学习美国的做法，加拿大、英国、德国、澳大利亚等发达国家陆续提出了类似都市区的概念，如加拿大的"国情调查都市区"（Census Metropolitan Area，CMA）、英国的"标准都市劳动市场区"（Standard Metropolitan Labor Area，SMLA）等。

20 世纪 80 年代，我国学者开始关注"Megalopolis"现象和 Gottmann 的研究。1983年，于洪俊和宁越敏在《城市地理概论》一书中首次介绍了 Gottmann 的思想，并把"Megalopolis"翻译为"巨大都市带"。随着经济社会的快速发展，我国城镇化进程快速推进，类似于美国东北海岸的城市分布密集区域开始涌现，引起了国内学者对"Megalopolis"现象的研究兴趣。由于研究领域不同，认识各异，所以各学者对"Megalopolis"的译法存在很大差异。有些学者将其译为"（大）都市连绵区"，如史育龙和周一星（2009）、胡序威（2003）等；有些学者将其译为"都市圈"，如高汝熹和罗守贵（2006）、周起业等（1989）、罗明义（1998）等；有些学者将其译为"城市群"，如姚士谋（1992）、肖金成（2013）等。1951年，日本学者木内信藏研

---

① Davis J F, Fox K. Metropolitan American: Urban life and urban policy in the United States: 1940-1980[M]. Starkville: University Press of Mississippi, 1986.

② 易承志. 大都市与大都市区概念辨析[J]. 城市问题, 2014(3): 90-95.

究日本城市后，提出了"三地带学说"，即大城市的圈层由中心地域、周边地域和边缘广阔腹地三部分构成①。20世纪80年代后期，我国地理、规划、经济等领域的学者开始研究都市圈概念及其相关问题。1989年，周起业等的《区域经济学》一书提出，大都市圈是指以大城市为依托，包括周围地区发展形成的中小城市，联系紧密的经济网络。他们对都市圈地域范围的界定类似于美国的都市区和日本的都市圈。所谓都市区、都市圈和城市群都是一个国家或地区较发达的区域。而且无论是都市区、都市圈，还是城市群，都以大都市为核心城市，密切的经济社会联系是它们共同的内在本质。城市群由都市圈与其周边的都市圈或城市圈形成，每个城市都会对其周边地区产生辐射作用，并产生互动互联，城市规模越大，其辐射力越强，影响力越大，对周边地区辐射带动的空间范围越大。城市与其辐射带动的区域可共同构成以该城市为核心的圈域经济，即城市圈。随着城市规模的壮大，其辐射力增强，其辐射带动的空间范围也会拓展。当城市圈的核心城市发展成为大都市时，该城市圈也被称为都市圈。地理区位、经济实力、交通、科技等条件较好的地区才会出现都市圈，且随着该区域经济社会进步和城镇化水平提高，都市圈和周边的城市圈会逐步向外扩展。当任意一个都市圈的空间范围与周边的城市圈和其他都市圈连在一起时，便实现了空间耦合，城市群就开始出现了②。方创琳（2009）认为，城市群是工业化和城镇化、都市区和都市圈发展到高级阶段的产物。

　　由于研究领域的不同和个人认识的差异，甚至在一篇文章中用多个名词来描述同一个现象或同一个区域。例如，美国东北海岸城市密集区域，有的学者称之为都市圈，有的学者称之为城市群，还有学者称之为都市区。城市群是城市发展到一定成熟阶段的空间组织构架，城市间的协调发展是城市群发展壮大和可持续的基础。伴随着中国城镇化的发展，城市群这一生产力布局中最具活力和潜力的新增长点逐渐成为我国区域发展的关键。作为集中了我国80%以上GDP和45%人口的重要空间单元，城市群之间的均衡发展是决定我国未来经济社会能否可持续协调发展的关键，

---

① 刘庆林，白洁. 日本都市圈理论及对我国的启示[J]. 山东社会科学，2005(12)：72-74.
② 马燕坤，肖金成. 都市区、都市圈与城市群的概念界定及其比较分析[J]. 经济与管理，2020(1)：18-26.

准确把握城市群之间经济发展差异及其空间演变趋势具有重要的现实意义。

在城镇化提档升级的背景下，重塑中国城市群战略地位，谋划中国城市群建设方向，进一步释放数字经济红利，对推动城市群高质量发展，实现大中小城市协调共进具有重要意义。

第一节　城市群是中国"十四五"规划和构建新发展格局战略中区域协调发展的着力点

城市群的崛起是中国当前和未来非常重要的经济地理现象，处于国家战略地位。"十一五"规划首次将城市群作为推进城镇化的主体形态；"十二五"时期以来，加速推动城市群发展布局；党的十九大报告指出，要以城市群为主体构建大中小城市和小城镇协调发展的城镇格局；《中共中央关于制定国民经济和社会发展第十四个五年规划和二〇三五年远景目标的建议》要求发挥中心城市和城市群带动作用，建设现代化都市圈。在城镇化提档升级的背景下，重塑中国城市群战略地位，谋划中国城市群建设方向，释放数字经济红利，可以推动城市群高质量发展，实现大中小城市协调共进。实施城市群战略的本质是希望打破制约和影响城市发展的行政壁垒，削弱各自为政的市场分割，实现生产要素适应市场规律的跨区域自由流动，进而实现区域经济协同化、一体化高质量发展。区域内产业的一体化发展是区域一体化发展的关键。传统的区域经济一体化理论强调交通基础设施的一体化，而智慧城市群建设强调信息基础设施的一体化。城市群内部各城市资源禀赋不同经济结构不同地理区位不同，通过分工协作可以形成合理有效的产业分工体系，实现生产力布局的动态均衡，持续调度区域内各种产业发展要素相互补给、有效整合和优化配置，进而促进产业发展过程中要素耦合效应、集聚效应、技术波及效应、产业关联效应和共生经济效应的发挥。

城市群是指在特定的区域范围内，以超大或特大城市为发展核心，辐射带动其他城市，由此形成的有机整体。城市群的发展是中国未来的发展趋势，随着交通和网络等基础设施的改善，城市协作变得越来越重要。目前，我国已经形成了 19 个由国家批准发展规划的城市群，正在积极优化东部地区城市群，建设京津冀、珠三角、长三角等世界级城市群，提升海峡西岸和山东半岛城市群的开放水平。培育中西部地区城市群，发展壮大东北地区(哈长城市群和辽中南城市群)、长江中游地区、成渝地区、中原地区和关中平原地区城市群，规划引导北部湾、黔中、滇中、呼包鄂榆、晋中、宁夏沿黄、兰西和天山北坡等城市群发展，形成更多支撑区域发展的增长极。

智慧城市群将信息技术、人工智能等新技术运用在智慧城市建设中，是城市群发展的更高级形式，是社会创新转型中城市群建设的高级阶段，是智慧城市和城市群的有机结合。2016 年，国务院印发的《"十三五"国家信息化规划》强调，"支持特大型城市对标国际先进水平，打造世界级智慧城市群"。2019 年，中共中央、国务院印发的《长江三角洲区域一体化发展规划纲要》着力设计打造智慧互联的未来城市，优先在政务数据资源共享共用和智慧交通等方面布局。《粤港澳大湾区发展规划纲要》则明确提出要建成智慧城市群，实施数据开放、平台互通、场景应用创新、电子支付系统互联互通、通信资费统一等措施。2020 年，中共中央、国务院印发的《成渝地区双城经济圈建设规划纲要》指出，要在基本公共服务标准体系、公共应用平台建设、政务数据资源共享等方面开始发力。随后，《山东省人民政府关于加快鲁南经济圈一体化发展的指导意见》、《广东省人民政府关于加快数字化发展的意见》、四川省人民政府印发的《成都都市圈发展规划》等文件相继出台。沈阳经济区的八个城市签署了《沈阳经济区智慧城市群建设战略合作协议》，提出从信息基础设施、城市级平台部署、惠民服务、城市治理、智慧产业五个方面推进智慧城市群建设。2020 年 9 月，国务院办公厅印发了《关于加快推进政务服务"跨省通办"的指导意见》，提出了 140 项全国高频政务服务"跨省通办"事项清单，要求 2020 年底前实现市场主体登记注册、基本养老保险关系转移接续、职业资格证书核验、学历公证、机动车驾驶证公证等第一批 58 项事项"跨省通办"，2021 年底前基本实现工业产品生产许可证发放、异地就医结算备案、社会保障卡申领、户口迁移等 74 项高频政务服务事项"跨省通办"。国家政务服务平台设置了京津冀、长三角、川渝等区域跨省通办专区。发展智慧城市群有助于更好应对城市问题，使城镇化发展速度与质量并重，推动区域协同发展。随着城市群模式的成功示范，城市形态发生巨大变化，智慧城市对区域范围内的资源共享、信息共享、市场共享、交通互联和产业链空间整合等需求日益凸显。将城市群发展与智慧城市建设相融合，创新智慧城市群发展新模式，构建城市优势资源合作互补、共享共用、融合发展，成为新型城镇化发展的方向。智慧城市建设已经成为现代城市发展的重要方向，智慧城市建设被广泛推进，已经逐渐从经济发达地区拓展到经济欠发达地区，从大城市转向中小城镇，从以城市为主体转向城乡一体化全面发展，并以城市群为空间架构，进行全范围、立体化的城市群智慧化建设。

城市群通过优化城市发展的空间布局，保障生产要素自由流动，营造良好的营商环境，实现规模经济、知识外溢、技术进步，带动规模收益递增，成为经济发展的重要引擎。世界范围内的城市群发展变迁是特定历史背景下，不同区域、不同国家生产力发展的缩影，生产力的发展离不开产业的发展与改革，离不开生产要素的自由流动和信息资源的共享、共建。当前，信息技术、生物科技、人工智能等高科技产业加速发展，城市群逐步脱离以"土地财政"为核心的传统发展范式，转向以产业为基础、追求区域间经济和产业协同发展的可持续发展模式，先进产业对城市群发展和人口集聚的拉动效应日益增强。城市发展和现代产业迭代的交互影响创新了区域经济发展的模式，催化了深刻的社会变革。城市群作为中国经济的核心增长极和竞争力，正在成为"一带一路"建设与国际竞争的重要空间载体。

2019 年 8 月 26 日，中央财经委员会第五次会议强调，要增强中心城市和城市群的经济与人口承载力，推动形成优势互补、高质量发展的区域经济布局，发挥优势提升产业基础能力和产业链水平。世界级城市群的发展经验表明，城市群通过完善区域内资源、要素等协调机制，推动区域经济在结构、效率、动力等方面不断变革，对优化区域发展格局，带动整个区域经济高质量发展具有极其重要的作用。城市群通过集聚、扩散、乘数等效应的发挥，建立起与高质量发展相适应的城市空间组织形式，成为中国"十四五"规划和构建新发展格局战略中区域协调发展的着力点。

第二节　城市群与产业集群间的协调发展是推动区域经济高质量发展的重要途径

城市群与产业集群的相互作用关系主要通过城市间的交通成本、信息成本、人力成本及规模效应等体现，其核心是因空间距离而产生的对企业经营中各类成本的节约效应。

一、城市群对产业集群的影响

从发展情况来看，城市群对产业集群的影响主要来自以下四个方面。

(一)发展历程

一般情况下，城市和城市群的产生要早于产业集群。城市和城市群的产生和发展要依托自然条件、经济发展、人口集聚、人文交流和政治因素等。城市群中不同城市的历史文化差异将影响各地区的发展水平、城市间的沟通与合作。相似的历史文化能够有效增强城市对城市群的认同感，增进城市间、产业集群内企业间的交流与合作，推动资源要素的快速流动。

(二)经济发展

经济发展带来城市的繁荣，给城市带来旺盛的生命力。城市间的资源禀赋差异，造就了各城市的特色产业，这种资源与产业的互补，导致各城市特色产业在产业链、价值链和技术链上相互依赖，通过城市群的凝聚力，形成产业集聚，促进产业集群化发展。

(三)人口与人才集聚

城市群的发展能够有效促进人口的集聚，基于规模效应，经济发展水平越高的城市，对人口与人才的吸引力越强。人口与人才的集聚又会进一步促进产业分工的深化和产业的创新，进而形成优良的创新生态系统，以此

吸引更多的创新企业与人才流入，通过产业链的凝聚力，形成产业集群。

（四）营商环境

任何企业都希望自己所在的区域能提供公平、公正、公开、稳定、可预期、可信赖的营商环境，包括积极的产业扶持和投融资政策、优质高效的公共服务、便利的基础设施、便捷的通信服务等。

二、产业集群对城市群的影响

从产业集群对城市群的影响来看，随着新兴产业的迅速壮大，产业集群对区域经济和城市群经济发展的推动作用更加突出，其推动作用主要通过产业集群对所在区域产生的溢出效应、竞争效应、规模效应等来体现。

（一）溢出效应

从溢出效应方面来看，依据罗默的内生增长理论，知识经济具有溢出效应，它同时可带动资本等其他生产要素实现共同发展，具有较强的外部性特征。产业集群的形成与发展可持续带动企业创新能力的提升。在新兴产业、信息技术、人工智能等快速发展的时代，产业集群可通过供应链企业间的商流、物流、信息流及资金流的交换，降低由信息不对称产生的经营风险和不确定性。通过供应链上各企业间的协同和创新，构建区域创新生态系统，推动新旧动能转换，为城市群发展提供可持续的动力。

（二）竞争效应

从竞争效应来看，产业集群内的企业除分工合作之外，还存在着竞争。一方面科技的发展，产品的创新，使产业集群内企业间的竞争加剧，促进了产业集群内企业的优胜劣汰；另一方面产业集群内企业竞争所产生的压力会倒逼企业制定更清晰的发展战略与进路，采用更加先进、务实的技术和管理方式。这种态势会对产业集群所在城市群的经济发展产生重要的推动作用。

（三）规模效应

从规模效应来看，随着产业集群内企业分工的日益深化，产业链中的产业门类更加多元，体系更加完整。产业链上下游企业通过流程再造，逐步拆分和创新业务流程，进而提升工作效率，增加产量。同时，随着产业集群规模的扩大，生产规模也在扩张，规模效益会降低单位产品的生产成本，从而实现规模效应的最大化。伴随着规模效应的增强，产业集群在城市群内不断扩张，将改变和优化产业跨区域分布的格局。

三、城市群与产业集群的协同发展

城市群和产业集群借助地理集聚效应和溢出效应，相互影响、相互促进、相互作用，以协同发展方式对区域经济产生正向影响，成为推动区域经济高质量发展的重要途径。产业集群衍生出的知识溢出效应和所在城市群的空间效应相互作用，成为促进区域经济高质量发展的内生动力。两者的深度耦合、良性互动与协同发展可激发区域经济发展活力，提升区域创新能力，推动区域经济高质量发展。

第一，通过产城联动，两者在协同发展状态下，各种要素相互影响、相互作用、协同互动，共同推动城市功能、产业集群和产业结构不断完善，区域间以城市群、产业集群为主体的整体竞争形式将逐步替代将单个城市或产业作为支撑的竞争形式。两者的协同发展已经成为推动区域经济整体发展的重要路径。若城市群和产业集群两者未能形成良好的互动关系，区域内企业很可能会成为一盘散沙，城市也会因缺乏产业的持续支撑而逐渐成为"空城"，导致整个区域失去经济发展动力和核心竞争力。

第二，通过城市间的协同效应，城市群和产业集群的协同发展和一体化整体推进措施，将在一定程度上突破固有的地理界限和行政壁垒，形成区域一体化的协同合作模式、协同运行机制和一体化政策体系，有效推动区域内城市间、产业间的交流合作进一步深化，形成城市群一体化效应，并实现区域经济实力的整体提升。城市间的协同效应会形成一体化的发展格局，促进各种资源与要素的自由和充分流动，显著增强区域要素的整合力与承载力，优化不同产业的跨地区配置、实现优势互补，提升各城市和各企业抵御市场风险、周期性风险、结构性风险等的能力，进而提升城市群和产业集群的发展韧性。

第三节　城市群市场规模是提升产业集群整体实力的核心要素

市场规模是产业集群发展的根本，一个城市群只有具备了庞大的人口规模，才能在交换中形成有序发展的国内市场，进而在生产能力逐步扩大的基础上开展国际贸易，最终形成金融市场。例如，美国的纽约城市群、日本的东京城市群等均为本国乃至世界重要的消费市场、贸易中心、金融中心。市场规模是产业发展的核心，产业产生和发展的关键是在地理位置上靠近终端消费市场，越是具有庞大终端消费市场的城市群，汇集区域内外有效需求的能力就越强，相关产业发展的潜力就越大。

城市群内各城市的优势互补与协同发展，能产生强大的商流、物流、资金流、人才流和信息流，形成区域内统一的生产要素市场，推动各种业态创新发展，不断推进产业链延伸，进而扩大市场规模，强化产业集聚效应，形成并壮大产业集群。这种良性循环积极推动了城市群的发展壮大，使城市群市场规模成为提升产业集群整体实力的核心要素。

第四节　城市群承载能力是产业集群可持续发展的重要保障

城市群对产业的承载能力是城市群和产业集群能够协同发展的一个重要因素。城市群对特定产业的承载能力主要取决于城市群的自然禀赋、环境承载能力、原始产业积累、基础设施和公共服务配置等要素。在自然禀赋和环境能力方面，城市群和产业集群的契合度处于动态变化中，在城市发展和消耗自然资源的过程中，原有的自然禀赋和环境资源对产业的承载能力日益降低，转而将倒逼产业进行转型和升级。在原始产业积累方面，产业的转型和升级离不开原始产业的积累和发展。以长三角城市群为例，长期的制造业积累不仅为第三产业的转型和升级奠定了经济基础，也为高科技行业的发展提供了重要支撑。在基础设施和公共服务配置方面，一是基础设施决定了产业集群的综合运行成本。例如，在第二产业中占比较大的制造、冶炼等行业高度依赖公路、铁路、电网的互联互通和低成本运行，在第三产业中处于支柱地位的互联网、金融、医药等行业高度依赖网络基础设施、科研院所等。二是产业集群的可持续发展离不开城市群中教育、医疗、住房等公共服务资源的合理配置，公共服务配置具有较强的外部性，能够显著降低相关产业的运行成本。

第五节　城市群空间优化升级是文化产业集群高质量发展的重要基础

2012 年 7 月，国家统计局颁布了《文化及相关产业分类（2012）》标准，定义文化及相关产业为"为社会公众提供文化产品和文化相关产品的生产活动的集合"。2018 年颁布的《文化及相关产业分类（2018）》，首次明确阐述了文化产业的统计范围、层次、内涵和外延，当前我国文化产业主要包括新闻信息服务、内容创作生产、创意设计服务、文化传播渠道、文化投资运营、文化娱乐休闲服务六大文化核心领域，以及文化辅助生产和中介服务、文化装备生产、文化消费终端生产三大文化相关领域，此分类标准是在 2012 年分类标准的基础上进行了细微修改，反映了我国文化产业分类与时俱进的特点。

城市群是区域经济发展的重要空间形式，是文化产业发展的重要空间载体。文化产业强大的耦合性能够深度融入其他产业，并产生积极的耦合效应，成为扩大内需、推动内循环经济的重要产业。文化产业集群是文化产业发展的一个重要途径，可以提高文化企业的经济效益，促进信息在集聚区域内的流动与共享，发挥知识溢出效应，提升区域创新能力。城市群与文化产业集群发展紧密相连，一方面文化产业集群发展可以提升城市群的集聚功能，文化产业的空间集聚不仅可以通过降低运输成本、深化人员分工、共享基础设施等方式降低企业成本，释放出更多的研发资金，还可以带来强大的知识溢出，带动其他产业发展，促进城市群集聚。另一方面城市群可以为文化产业集群发展提供空间，文化产业集群有很强的产业关联效应与波及效应，其影响力在几大产业中是非常大的，对整体经济有强大的拉动作用，可以带动相关产业发展①。因此，城市群文化产业集群发展要充分发挥产业关联、文化资源共享、创新技术共生等优势，构建城市群文化产业一体化创新生态系统，推动文化、科技、数据等要素资源的优化整合与联动发展。随着文化与信息、科技、知识的紧密结合，文化产业进入创新驱动发展时期，文化产业整体实力和竞争力不断增强。文化产业集聚后会在集聚区内产生溢出效应，促进集聚区内创新能力的发展。

根据产业集聚理论，运输成本、中间产品、知识溢出等是企业在地理上集聚的优势。熊彼特（1912）的创新产业集聚论指出，产业集聚有助于创新，创新是相互关联的企业竞争与合作的产物，而非单个企业的孤立行为。文化产业的空间集聚能够通过降低成本、带来知识溢出、激发竞争及吸引创新人才等方式促进文化产业集群的创新发展。首先，文化产业的空间集聚能够降低生产成本，提高效率，促进创新。亚当·斯密从绝对利益理论角度提出分工协作可以带来集聚经济。集聚使专业化分工得到高度发展，集聚区内各企业可以更大程度地利用专业化分工，提高劳动力的工作熟练度，节约劳动转换时间，降低劳动培训成本，从而降低文化企业的生产成本，提高集聚区内企业的生产效率。另外，企业的空间集聚也可以通过降低运输成本和交易成本、共享基础设施、共享专业化劳动力池、降低劳动力搜寻成本等方式降低生产成本，增加企业收益，进而提升科研资金投入能力，间接促进企业的创新投入，提升文化产业创新水平。其次，产业集聚可以带来知识溢出。根据马歇尔的产业集聚理论②，企业的空间集聚可以使相似或同质企业共享劳动力池，各企业员工能够更加便利地进行正式或非正式交流学习，进而带动知识与技术扩散，产生巨大的知识溢出效应。一是文化产业创新高度依赖创新人才，空间集聚可以在创新人才之间形成互助关系，提高创新人才的沟通效率，克服创新人才思想上的僵化与创新过程中的惯性，进而增强隐性知识溢出，进一步释放创新人才的创

---

① 刘立云，雷宏振.产业集群视角下的文化产业与区域经济增长[J].东岳论丛，2012（3）：23-27.

② 马歇尔.经济学原理[M].陈瑞华，译.西安：陕西人民出版社，2006.

新能力，促进文化产业创新[1]。二是产业集聚可以带来竞争效应。一方面，根据新竞争优势理论，集聚区内小企业之间同时存在竞争与合作两种关系，在新产品的生产中互为竞争对手，在信息交流共享中互为合作伙伴，通过合作最小化市场风险，增加收益，提升区域整体创新能力；另一方面，集聚区的企业能够更快捕捉到消费者的需求变动，满足消费者的多样化需求，集聚区内各企业之间相互竞争，可以加速产品更新换代，促进文化产业创新发展[2]。三是集聚区可以吸引更多的创新主体。一方面，产业集聚区配套设施齐全，劳动力可以自由流动，有成熟的分工机制和相对集中的顾客群，因而会大幅度增加新进入企业和个人创新的预期收益，提升创新积极性的同时吸引更多创新主体进入产业集聚区，形成一种良性循环，提升集聚区整体创新水平；另一方面，与传统制造业不同，文化产业的创新发展除了受经济因子的影响，还受身份因子的影响[3]。文化产业集聚区具有能够凸显创新人才身份的艺术氛围与艺术定位，这种氛围与定位使集聚区内创新人才更容易被社会认可，更容易实现其自身与创作产品的潜在价值，从而吸引创新人才进入，并激发创新人才的创新积极性，带动文化产业创新[4]。

文化产业集群与城市经济增长具有广泛的耦合关系，主要包括三个方面：一是体现在文化产业集群和城市经济发展方式上的耦合，产业集群对城市经济发展有较强的促进作用，同时城市经济系统有利于产业集群的发展，两者相辅相成。文化创意产业是城市活力的来源与城市发展的新增长点，而城市群可以为文化创意产业集群的发展提供良好的外部条件，促进文化产业集群发展与城市群空间的互动。二是文化产业集群和城市群资源的耦合，文化产业集群的比较优势将最先体现在文化资源优势上。从社会学角度来看，文化资源是有历史渊源的，是传统文化不断传承与发展，通过一定的形式展现出来，能够为人类带来精神财富甚至物质财富的资源，

① Feldman M P, Audretsch D B. Innovation in Cities: Science-based Diversity, Specialization and Localized Competition[J]. European Economic Review, 1999, 43: 409-429.

② Amendola M, Gaffard J L, Musso P. Competition, Innovation And Increasing Returns[J]. Economics of Innovation and New Technology, 2000, 9: 149-181.

③ 杨永忠，黄舒怡，林明华. 创意产业集聚区的形成路径与演化机理[J]. 中国工业经济，2011(8): 128-138.

④ 王利. 中国大中型工业企业创新驱动增长的测度与分析[J]. 数量经济技术经济研究，2015(11): 90-104.

文化资源是推动社会、经济、文化发展不可或缺的条件。从经济学角度来看，运用经济和市场的手段，文化资源可以向经济资源转化，在社会效益上，能够为人们的生活提供更丰富的文化产品，能够更有效地满足人们不断增长的文化需求；在经济效益上，高回报率的运作模式能够创造相应的经济收益，甚至高额的经济回报。此外，对文化资源的合理开发及高效利用，同样有助于推动社会总财富的增长，甚至能够创造出更加广阔的发展空间，使其既具有使用价值，又具有相应的社会价值。可见，文化资源亦是城市群发展不可或缺的经济资源。三是文化产业集群与城市经济系统的耦合。文化产业的集聚发展推动了城市空间的优化升级，城市空间的优化升级又反过来促进了文化产业的集聚。

第六节　数字文化产业集群是城市群 经济发展的新动力

如今，以互联网、大数据、云计算、人工智能为代表的数字技术向各经济领域的渗透速度正在不断提升，数字化成为未来世界经济发展的主要方向。与此同时，文化产业在全球经济中所占的比重也在不断提高，创意创新逐渐成为驱动全球经济复苏的主要引擎，为整体经济增长提供了动力和活力。在此形势下，如何促进数字信息技术与文化产业融合发展成为未来世界各国培育发展新动能、获取国际竞争新优势的重要战略问题。数字文化产业集群具有明显的空间溢出效应，其不仅能提高所在城市的经济发展水平，还能有力促进所在城市群的经济增长。进入信息时代，数字技术快速发展，文化产业逐渐与数字化技术相结合，共同迈入了数字文化产业转型的全新时代。2017年4月，《关于推动数字文化产业创新发展的指导意见》的出台标志着我国第一次从国家政策维度提出了数字文化产业的概念，并由此提出了一系列系统性的指导意见。2020年11月，为贯彻落实党的十九届五中全会关于"实施文化产业数字化战略"的决策部署，文化和旅游部印发了《关于推动数字文化产业高质量发展的意见》，从多个方面提出了2025年数字文化产业的发展目标。2021年，文化和旅游部印发的

《"十四五"文化产业发展规划》明确要求，顺应数字产业化和产业数字化发展趋势，落实文化产业数字化战略，加快发展新型文化业态。这些指导性文件的出台充分显示了新时代国家对数字文化产业的高度重视，在一定程度上充分说明了数字文化产业在我国今后经济发展中的重要地位。数字文化产业的集聚发展能更好地推动城市群文化软实力的提升，增强中心城市和城市群的经济和人口承载能力，提升其辐射带动作用，是"十四五"时期推动区域协调发展的关键。同时，由数字文化产业集群创造的社会效益和经济效益，也将成为城市群连接人民幸福和经济增长的关键纽带，成为城市群全面发展的新引擎。数字经济时代下，城市群辐射带动区域协同发展的步伐正在加快，数据要素跨区域流通打破了城市群内部和城市群之间的市场分割，有效助推了城市群边界的扩大。数字经济主要通过两个作用机制促进城市群协同发展，一是推动创新主体跨城市、跨区域进行合作创新，促进城市协同创新网络发展壮大；二是提升城市空间集中度，增强邻近空间的城市要素集聚能力。

数字文化产业是一种以文化创意内容为基础要素，以数字技术为关键载体，开展构思创作、设计生产、推广传播和服务提供的新兴产业，兼具传输安全便捷、绿色低碳、需求兴盛、渗透融合等特点，文化产业与数字技术相结合的发展方式正在成为助推新供给、新消费高速成长的主要结构要素，产品涉及众多领域。作为一种新兴经济形态，创意经济已成为驱动城市群发展的动力和源泉，数字技术与文化创意协同派生出的新商业模式将成为推进城市群产业结构优化调整的关键路径。

第二章

城市群、城市文化与文化产业集群综述

第一节 城市群的内涵与特征

自 20 世纪 90 年代以来，我国城镇化进程持续快速推进，人口和经济也相应地向城镇，特别是大城市和城市群快速集聚，城市的空间形态由单体型城市向城市带、都市圈等组合型城市转变，城市群的相关理论由此成为研究热点，城市群的研究也得以持续纵深发展。

一、城市群的内涵

18 世纪末，英国城市经济学家 Howard（1902）首次提出了与城市群有关的概念，也就是城镇集群的概念。Geddes（1919）提出了组合城市的概念，即组合城市是由众多城镇结合成的一个巨大的城市集聚区。Unwin（1927）在 Geddes 研究的基础上又进一步提出了"卫星城"的概念，并将"卫星城"的设计理念应用到大城市规划设计中。20 世纪 30 年代，Christaller（1933）提出中心地理论，城市体系概念初步形成。Duncan（1950）在中心地理论的基础上提出了城市体系的概念，将城市化水平较高区域中的中心城市和周边城镇作为城市体系进行研究。法国地理学家 Gottmann（1961）在考察了北美城市化进程后提出了新的城市群体概念，城市群在外观上表现为街区大片相连、没有明显城乡景观差别的城市地区，是一个面积广大、由若干大都市相连接的城市化区域，是总人口规模较大（人口 ≥ 2500 万）且人口分布密度高(人口密度≥250人/平方千米)的区域。

二、城市群的特征

城市群是经济和社会发展的重要载体,其基本特征对城市规划、经济发展、人口流动等有着重要的影响。

(一)人口特征

城市群的人口规模通常较大,人口密度高,人口构成复杂,包括移民、流动人口等。随着城市化进程的加快,城市群的人口规模和人口密度将不断增加。

(二)经济特征

城市群是区域经济的核心,具有高度的经济集聚效应。城市群的经济结构通常以第二产业为主,第三产业也在不断发展壮大。城市群的经济活力和竞争力对区域和国家的经济发展至关重要。

(三)社会特征

城市群的社会结构通常呈现多元化特征,包括不同的社会群体。城市群的社会服务设施较为完善,包括教育、医疗、文化等方面。城市群的社会发展水平较高,但也存在一些社会问题,如城市病、环境污染等。

(四)空间特征

城市群的空间特征表现为城市之间的联系和空间布局。城市群的空间布局通常呈现出多中心、网络化的特点,城市之间的交通和基础设施较为发达。城市群的空间结构对城市间的协作和资源共享有着重要的影响。

城市群的基本特征对城市规划、经济发展、人口流动等有着重要的影响。未来,城市群的发展需要充分考虑其基本特征,不断完善城市功能,加强城市间的协作,推动经济、社会和环境可持续发展。

第二节　城市群的集聚效应

城市群不仅是地理学上的概念，还有学者从人口和产业集聚角度对城市群的形成和演化进行了解释。Cronon（1991）、Fujita 和 Mori（1997）从产业层面对城市群的形成进行了解释，他们认为产业关联性的增强使制造业呈现集聚的现象，而制造业集聚会带来工人工资水平的增加，吸引农业部门剩余劳动力向城市集聚，为制造业发展提供劳动力支撑，城市规模会随着制造业规模经济效应的提升而不断扩大。方创琳（2009）也得出了类似的结论，认为资源要素向城市的集聚和扩散是城市群演化的主要动力。骆玲和史敦友（2015）从产业专业化和多样性角度研究长三角和珠三角城市群的演化规律，认为产业分工的合理性会影响城市群经济发展。Gao（2021）认为，金融发展和技术创新是京津冀城市群形成的主要原因。王雨枫和曹洪军（2021）认为，哈长城市群扩张的驱动因子以第一产业产值、第二产业产值、人口及 GDP 为主。曹广忠等（2021）通过研究京津冀、长三角、珠三角、长江中游、成渝城市群发现，各城市群中的人口主要向中心城市流入，城市群内部空间分布格局总体稳定，省内人口流动增速普遍高于省际人口流动增速。可以说，在城市群形成和演化过程中人口和产业集聚发挥了重要作用。

一、人口集聚效应

杜旻和刘长全（2014）通过模型设定将技术外部性纳入模型中，发现以城市人口规模衡量的技术外部性与城市人口增长率之间存在"U"形关系，以城市人口密度衡量的技术外部性与城市增长率之间存在倒"U"形关系，但在统计上不显著。孙祥栋等（2016）对全国第五次和第六次人口普查数据进行研究后发现，随着中国一批大城市的出现，人口分布呈现集中与扩散并存的趋势，通过构建城市单位生产成本函数，证明人口向大城市集中可以显著减少城市整体的生产成本。楚尔鸣和何鑫（2016）基于 35 个大中城市的房价调查，研究人口集聚对不同类型城市房价的影响。他们发现，人口集聚对北京等13个一类城市房价上涨具有正效应，对成都等11个二类城市具有平效应，对合肥等11个三类城市具有负效应。张华明等（2021）认为，人口规模与人均CO_2排放量之间存在倒"U"形关系，适度的人口规模有利于降低人均CO_2排放量。程开明和洪真奕（2022）也得出了类似的结论，他们研究发现，随着城市人口集聚程度的提高，城市空气污染问题能够有效减轻。周春山（2021）认为，城市群和都市圈的高质量发展需要充分挖掘人口集聚红利，坚持以人为本构建智能化公共服务体系。刘凤根等（2022）认为，城市资源要素的配置水平对房地产价格产生了显著的正向影响，其中人口集聚在城市资源要素配置影响房地产价格上涨的作用机制中起到了中介效应。王伟（2022）在肯定人口集聚效应的同时提出，如果人口结构问题和农民工市民化问题不能得到有效解决，将在一定程度上限制人口集聚对城市化的促进作用。冯月（2022）在研究成渝城市群时发现，成渝地区人口集聚具有明显的虹吸效应，成都和重庆两座城市因为人口集聚获得了大量人口红利，但周边城市并没有因此获益。刘洁等（2022）通过对长三角地区进行研究后发现，人口集聚对经济增长质量不是一直具有正向促进作用的，经济增长质量和人口集聚呈现倒"U"形关系，过度的人口集聚会抑制经济增长质量的提升。通过以上学者关于城市群人口集聚效应的研究可以发现，多数学者肯定了人口集聚的积极作用，人口集聚最为直接的效应就是可以带来人口红利，为地区经济发展提供必要的人力支撑，产生规模经济效应。但是，当人口集聚程度过大时，规模经济效应将逐渐减弱，反而会因人口过度集聚产生规模不经济效应，对地区社会经济发展产生不利影响。

二、产业集聚效应

城镇化发展离不开工业化支撑，离开产业支撑，城镇化必然会出现"产业空心化"问题，因此产业集聚也是学者研究城市资源要素集聚效应的重要视角之一。韩峰和李玉双（2019）运用中国工业企业数据和城市面板数据研究发现，中心城市产业专业化集聚和多样化集聚均有助于扩大城市规模，但对周边城市产生了负向空间溢出效应，且专业化集聚的作用效果明显大于多样化集聚。有学者从产业集聚的创新性视角研究产业集聚对产业升级的影响，李文秀（2012）认为服务业集聚区本身就是市场经济的自然产物，所以城市服务业集聚区的发展与城市经济之间相互依赖、相互促进、共同发展。Keeble 和 Nacham（2002）进一步解释了产业集聚促进产业升级的原因是产业集聚会产生知识溢出效应，进而提升产业生产效率，实现产业升级。韩坚等（2017）重点研究了产业集聚对区域创新的影响，通过对空间计量模型进行研究后发现，制造业产业集聚和服务业产业集聚均正向影响区域创新。李勇辉等（2021）以长江经济带 108 个城市为研究样本，分别分析了生产性服务业专业化集聚和多元化集聚对技术创新的影响，发现专业化集聚对技术创新产生的正向促进作用要明显优于多元化集聚。有学者从环境视角研究产业集聚对环境的影响，如王怀成等（2014）、陈祖海和雷朱家华（2015）认为，产业集聚由于外部溢出效会导致污染物排放总量增加。李勇刚和张鹏（2013）、刘习平和宋德勇（2013）、豆建民和张可（2014）等则证明产业集聚具有自净效应，可以有效降低污染物的排放。还有学者认为产业集聚是影响城镇居民收入的关键因素，如王雪辉等（2016）运用 2004~2013 年中国 285 个地级市的面板数据，通过空间计量模型分析了产业集聚对地区工资差距的影响及空间溢出效应，他们研究发现服务业集聚能显著促进本地区工资水平的提升。结合现有学者关于人口集聚效应和产业集聚效应的相关研究可以发现，城市集聚意味着资源要素向一个地区相对集中，这些资源要素包括人口、产业等。当这些资源要素相对集中时，则必然会产生集聚效应，对社会经济诸多方面产生影响。但是，现有研究成果更多是基于供给端的视角，鲜少从需求端系统研究城市群对居民消费行为、消费升级等方面的影响。

三、经济效应

城市群发展带来的经济效应是以城市群的发育动力为基础的。集聚效应和辐射效应在推动城市群发育的同时，也会对城市群内的城市产生经济和社会影响。对此学术界已经进行了大量的研究，结合已有文献发现，该影响主要包括两类：一是在城市群发育过程中产生的直接经济效应，如区域协调发展、集聚经济效应及产业协同效应等；二是在直接经济效应基础上产生的间接经济效应，如经济增长效应、产业升级、区域创新效应、生产效率的提高及治污和减排效应等。在直接经济效应方面，孙斌栋和丁嵩

（2016）研究发现长三角城市群中的核心城市可以通过辐射带动作用实现大中小城市协调发展。赵娜等（2017）、姚常成和宋冬林（2019）、李治国等（2022）证实了城市群存在集聚经济效应。毛颖超（2021）研究发现粤港澳大湾区城市群和长三角城市群存在产业协同效应，协同发展的动力源于要素驱动、技术创新、结构调整和政府推动四大因素。在间接经济效应方面，刘乃全和吴友（2010）研究发现长三角城市群的扩容策略显著促进了地区经济增长。向昕等（2021）发现城市群内部产业集群会通过高度分工，提高区域产业的特殊化率，同时推进生产效率的提高，并最终实现产业转型升级。董春风和何骏（2021）发现长三角区域一体化发展显著提升了区域内各城市的创新能力。兰秀娟等（2022）研究显示城市群可以通过空间功能分工改善资源错配现象，提高企业全要素生产率。洪扬和王佃利（2021）研究发现京津冀城市群协同治理对减少区域污染物排放有正向促进作用。目前来说，城市群作为未来一段时间内中国政府推进新型城镇化的主体形态，其研究涉及的领域将会更加宽泛。

第三节　城市文化的内涵与建设内容

城市是文化的容器，城市的根本功能在于文化积累、文化创新和传承文化，和谐的社会创造有赖于优良城市文化的建设，城市肩负着持续创造和延续历史文明的重任，是人类优良文明的核心载体。

一、城市文化的内涵

关于城市文化的定义，主要存在两种思路：一是从文化的定义角度出发演绎城市文化的定义。近代第一位给"文化"一词下定义的英国人类学家Tylor（1871）指出，文化是一个复杂的整体，它包括知识、信仰、艺术、伦理道德、法律、风俗和作为一个社会成员的人通过学习而获得的其他任何能力和习惯。张丽堂（2016）据此将城市文化定义为人类生活于都市社会组织中所具有的知识、信仰、艺术、道德、法律、风俗和一切从都市社会中所获得的任何能力及习惯。二是从城市本身的特征出发定义城市文化。社会学家认为城市文化是城市成员在城市社会实践中共同创造的，如城市的社会环境、生活方式和生活习惯等，是各种物质财富和精神财富的总和。城市文化可以概括性地从城市物质文化、城市制度文化、城市精神文化三个层面来解读，城市物质文化代表符合城市人们生活的物质追求的表层文化；城市制度文化是在一定的历史背景下所形成的一系列与城市相适应的社会规范体系；城市精神文化则是人们在城市生活过程中改造自然、适应生活的种种思维与精神活动，是城市文化的内核。城市文化的三个层次由表及里、由浅入深地形成了城市文化的系统结构，其中物质文化是载体，制度文化是媒介，精神文化是核心。

二、城市文化的建设内容

国内外学者对城市文化的研究主要集中于对其意义、基本内容及建设过程中存在的问题和对策的研究。

(一)对城市文化的意义进行研究

城市的形成是物质建设与文化积淀相结合的过程，各种文化要素以物质、非物质形态与载体传承下去，形成城市文化，对推进城市与社会发展具有重要意义。

第一，从宜居城市建设的视角出发，金韬(2013)指出城市文化能够缓解城市的社会病，增加市民交往的可能，直接或间接地促进宜居城市的建设。

第二，从文化建设与全面建设小康社会的关系视角出发，马绍孟和樊勇(2004)指出城市文化作为一个城市的形象语言，是城市发达程度的重要标志，它可以为实现城市的和谐、可持续发展，以及塑造城市形象提供动力保障。

第三，从现代化城市建设的角度出发，向德平和田北海(2003)立足城市文化的功能，探析城市文化对推进城市现代化建设、提升城市社会成员整体素质和城市整体形象的重要意义。此外，也有学者以具体的地级市为例进行实证分析，如于洋(2014)以大连为例，论述了城市文化对保持城市形象经久不衰的重要作用。

(二)对城市文化基本内容进行研究

城市文化的建设需要以厘定城市文化的概念、确定城市文化的构成为基础,众多学者对城市文化进行了比较细致、全面的研究。

1. 对城市文化的概念进行界定

张怀民、杨丹等(2013)将城市文化从广义和狭义两个方面进行了定义,认为广义的城市文化是城市社会成员在特定城市区域内,在社会实践中所创造的物质财富和精神财富的总和;狭义的城市文化则是精神财富的总和,涵盖城市居民或是城市外来人员在城市的长期生活和潜移默化中所形成的基本信念、行为规范、价值观念、共同理想和城市精神等。张钟汝(1984)将城市文化等同于"都市文化",并将其概括为城市社会成员所创造的具有城市特点的文化模式,具体分为生活方式、生活环境及生活习俗。

2. 明确城市文化的构成

倪志娟(2006)将城市文化划分为物质文化层、制度文化层和精神文化层三个层面,从这三个层面分别描述了中国城市文化的内涵与特点。单霁翔(2007)认为,城市文化可分为以城市形态为主的表层文化、以城市特有习俗为主的中层文化和以城市集体性格为主的深层文化。尹妙群(2016)将城市文化分为人文界面、物理界面和两者相交组成的文化丛集三个层面。任致远(2012)认为,城市文化的具体形式和内容包括思想、山水、布局、历史、建筑、园林、景观、社区、地名等。

(三)对城市文化建设过程中存在的问题进行研究

在当前各城市大力进行建设的过程中,城市文化建设却出现了各种问题。

1. 城市文化建设与管理机制不健全

向德平(2003)指出,城市文化建设存在有效供给不足、城市社会成员缺乏文化建设的主动性、文化资源开发利用不够等问题。此外,在城市化进程中,城乡文明的冲突及市民多元化文化价值的困惑,也增加了文化建设管理的难度。

2. 对传统文化的保护力度不足

单霁翔(2007)从传统特色和文化形象的视角出发,指出城市文化定位越来越模糊,商业信息充斥传统街区,导致城市文化形象差异性弱化,传统文化资源迅速流失。

3. 城市文化建设内容失衡

陈少峰和王帅(2014)对城市文化的类型进行了研究，指出城市文化建设要重视文化硬件设施建设。

4. 城市文化建设缺乏特色

张谨(2015)指出，城市文化建设存在文化景观设计千篇一律、文化生活单调乏味等问题。秦德君(2016)则认为，我国的城市文化创新面临"有技术，没文化"、城市表面的华丽掩饰了内在文化的缺失等困境，难以实现城市文化的有机更新。

(四) 对城市文化建设对策进行探究

有学者从城市文化建设的目标与原则、侧重点、现状、措施等方面进行研究。

1. 城市文化建设的原则与目标

金韬(2013)认为，宜居城市文化维度的建设要遵循以人为本、群众主体、多样包容、因地制宜、讲求实效的原则。陈少峰和王帅(2014)指出，城市文化建设要以满足人民的文化享受、改变和提升人的素质、提高城市活力、增强城市竞争力为目标。

2. 城市文化建设的侧重点

城市文化涵盖内容广泛，张谨(2015)认为可以从文化景观、社区文化、创意产业和企业文化等方面入手，加强城市文化建设。

3. 城市文化建设的现状

结合当前城市文化建设的现状，从历史文化、市民素质、文化产业等方面进行研究。

(1)挖掘历史文化资源。郑崇选(2016)认为，要以增强城市竞争力、提升城市文化多样性、保障基本文化民生和促进城市发展动力转型为主要内容，充分尊重城市独特的文化传统和文化禀赋；王元(2015)提出要加强对城市文化遗产的保护和对城市文化的安全守卫；刘瑞杰(2010)倡导以文化外观和文化气质为主的城市特色文化的构建，避免同质化和趋同化，挖掘和认知、保持和维护、传承和弘扬、重塑和营造城市特色文化。

(2)发展文化产业。张怀民和杨丹(2013)认为，要注重城市文化软实力对增强城市竞争力和推进区域发展的作用，从城市固有的文化资源着手，实施文化产业集群战略，不断强化市民对文化的自我认同；尹妙群（2016）以全球价值链为理论参考，提出构建以城市文化资源为基础的城市文化价值链，形成城市特有文化资源的价值增加网络体系，推进城市产业类型与结构转型升级。

（3）加强空间文化建设。李霞等（2014）将城市文化具体化，强调要重视城市空间特色文化建设，提出加强文化载体建设，完善城市古建筑、廊道文化和商贸文化建设的空间规划策略。吕云涛和赵芙蓉（2016）通过对青岛市城市文化的研究，提出要从历史文化传承、地域空间特点、城市色彩组合、现代品牌企业培育等方面去挖掘、培育与发展城市文化特色。

4. 城市文化建设的具体措施

学者研究的切入点虽有所不同，但基本内容都是从保障机制建设、建设主体和文化创新等方面展开：

（1）文化建设的保障机制研究。张怀民和杨丹（2013）倡导建立包括优秀传统历史文化、红色文化等在内的城市文化主题教育长效机制。陈少峰和王帅（2014）认为，要加强文化与科技的结合，搭建新媒体和数字文化平台，解决好文化生产与激励机制之间存在的问题，扶植高质量的文化产业。任珺（2015）基于文化治理的视角提出城市文化建设要立足于促进公民文化参与、搭建开放的创意社群网络、构建文化领域内的公司合作伙伴关系等城市文化治理路径。

（2）文化建设主体的研究。蔡达峰（2016）认为，政府作为文化建设的主导者，要以自身素质和能力履行职能，在城市文化建设中要倡导精神、投入资源、构建体制、监管过程、提供帮助和发挥公众作用。

（3）城市文化创新的研究。秦德君（2016）针对城市文化建设三大层面的问题，提出突破体制结构维度、政治哲学维度、民间主体维度、文化个性维度、审美趣味维度，实现城市文化的创新。

第四节　文化产业集群的形成机制及影响因素

Potter（1998）从竞争的角度出发，认为产业集群是一群在地理上邻近，在某个特定的领域中以彼此的互补性和共通性相联系的有交互关联性的企业和相关法人机构的组织形式。Pratt（2004）认为，文化产业集群不能单纯划分到传统产业集群的研究之中，文化产业集群不是一个分析文化产业的有力工具，并在此基础上提出了创意产业生产体系的分析框架。张京成和刘光宇（2011）主要从文化创意企业角度定义文化产业集群，认为文化创意企业与其他科研机构相互竞争和合作，在一定的空间内集聚，形成竞争优势较强的集群。花建（2011）认为，文化产业的集聚发展是在一个特定的区域内，以一个主导产业为核心，吸引大量彼此联系密切的企业群和相关服务机构在空间上集聚，从而形成可持续竞争优势的现象。孟来果（2013）将文化产业集群定义为，文化产业集群是在一定地理空间上集聚，通过专业分工和产业协作，将众多互相关联的文化企事业单位与机构建立起来的产业组织。

一、文化产业集群形成机制

关于文化产业集群形成机制的研究，国内外学者主要有以下三种观点：

第一，文化产业集群形成机制是市场自发的，这种观点强调在集群形成过程中，市场因素占据重要地位。Bathelt（2005）对德国莱比锡文化产业集群的历史发展和历史数据进行了分析，发现作为一个独立现象出现的莱比锡文化产业集群，它是由集群内的文化企业自发形成的，不是政府政策的结果，也不是商业惯例的持续。张振鹏和马力（2011）主要分析了伦敦、东京、迪士尼公司的产业集群，得出结论：产业集群的形成主要是竞争机制、资本积累机制和交易成本节约机制等内生机制在起作用，这是由文化创意产业的特性决定的。政府制度性措施在产业集群形成过程中只能起到微小的辅助作用。

第二，政府的制度性安排对文化产业集群的形成起决定性作用。顾江和昝胜锋（2009）比较分析了亚洲三国文化产业集群的发展模式后认为，文化产业集群形成的主要原因是经济结构的转型升级，政府在这一转型升级中起主导作用，并为集群的发展提供坚实支撑和内在动力。栾阿诗和沈山（2017）对江苏省文化产业 2000—2013 年的集聚程度进行测算后发现，江苏省文化产业集聚区有明显的地域特色，并且只有较少数量的产业集聚区是市场自发形成的，其中大部分是基本依靠政府来运作的，政府的投入和关注度越高，文化产业集聚状况就越好。

第三，文化产业集群的形成是市场自发和政府制度引导共同作用的结果。刘奕和马胜杰（2007）在总结研究学者的成果后认为，国内外文化产业集群的形成机制主要分为政府引导型和市场自发型两种。向勇和陈娴颖（2010）在公共空间和创意生态等新理论的基础上，提出文化产业园区的理想发展应与社会、经济、政治紧密融合，成为具备形象、功能和意象三者的空间综合体。贺灿飞和朱晟君（2020）认为，产业的地理集聚与产业自身特性和产业所在的地理环境、现有社会发展水平、量化生产条件等有关。

二、文化产业集群发展的影响

对于文化产业集群发展的影响，国内外学者的研究主要集中在地理区位、要素禀赋和产业政策方面。在地理区位方面，大多数学者强调在文化产业集群的形成和发展中，地理区位是最原始的驱动。韦伯（1997）首次提出了工业区位理论，从工业区位的视角分析集聚行为，发现企业既可以就地获取原料，也可以就地消费产品和服务，这在一定程度上节约了运输成本，低成本的利益驱使使其更愿意去主动集聚。Mommaas（2012）收集了纽约市新媒体相关产业900多个社会网络事件的数据，实证检验了文化产业发展过程中区位因素的重要性。在要素禀赋方面，大多数学者主要强调两个要素：文化资源和人力资本。袁海（2012）构建了一个文化产业集聚影响因素的多视角理论分析框架，通过收集中国各省域文化产业数据，利用空间计量经济模型进行实证检验，结果发现文化产业发展需要依托文化资源的开发利用，文化资源禀赋丰富的地区更容易形成文化产业集群，并具有更强的竞争力。孙智君和李响（2015）构建以文化产业集聚水平为被解释变量，以城市化经济水平和地方化经济水平为解释变量的计量模型，分析发现，人力资本对文化产业集聚水平有巨大影响，其中高端型人才能促进文化产业集群的发展，而低端型人才的作用不明显。文化产业集群的发展越来越依赖高素质的专业人才。在产业政策方面，大多数学者主要采用定量分析的手段，通过构建相关计量模型进行研究，发现不同的产业政策对文化产业集群的影响略有不同，有的产业政策较为显著，有的产业政策不显著。袁海（2010）利用 2005—2008 年省级面板数据构建文化产业集聚影响因素模型，对影响中国文化产业集聚的产业政策因素进行了实证分析，发现财政支持指标显著为正，而金融发展和服务指标不显著且为负。张变玲（2016）利用 2005—2013 年我国 30 个省份的面板数据构建计量模型，实证分析发现财政支出和政府规模对文化产业的集聚发展分别具有正向作用和负向作用，并强调政府不应该对文化产业市场多加管制和干预，否则会不利于文化产业集群的发展。

第三章

中国西部城市群的发展现状与空间重构

第一节 中国西部城市群发展的过程及特征

对城市群发展历史的分析与把握是了解其发展现状及发展趋势的重要手段。中国西部城市群发展的历史路径与发达国家和中国东部沿海地区都有较大差别，因而具有鲜明的历史特点。

一、中国西部城市群发展的特殊历史路径分析

(一)古代西部城镇的历史发展阶段

西部地区是中国历史上开发最早的地区之一。自秦始皇统一六国后在全国设 36 个郡，这大大促进了城市的发展。随着汉代西域都护府的设置及丝绸之路的开辟，位于今武威、张掖、酒泉、敦煌、若羌、且末、明丰、田县、和田、莎车、喀什、库尔勒、乌垒、轮台、库车、阿克苏、乌什等地的贸易城镇获得了极大发展。隋唐两朝建都长安，这在一定程度上促进了西北地区和西南地区的经济与城镇发展。明王朝时期，施屯垦、设互市，使西北地区的经济有所发展，进而促进了西北地区城镇的发展，出现了许多商业贸易型城镇，迪化(乌鲁木齐)、喀什、伊犁、哈密、阿克苏、西宁、归绥(呼和浩特)等成为内地商人、外藩贸易的重镇。明清时期，西安一度有了较大发展，成为西北地区的政治、经济、文化中心，在军事、

交通上也具有重要地位。成都也继续保持着在西南地区的经济、文化中心地位。

(二)"156 项"与三线建设时期西部现代城镇的快速发展阶段

过去轻工业在国民经济中的占比较少,且只集中在沿海的少数几个大城市。"一五"时期,为了奠基我国的工业,我国选择了优先发展重工业的赶超型经济发展战略,这期间的重工业建设以苏联援建的 156 项重点项目和 694 个限额以上工业建设项目为主。在苏联援建的 156 项重点项目中,有 51 个安排在了西南地区和西北地区。在 694 个限额以上工业建设项目中,有 472 个安排在了工业基础较为薄弱的内地,在西北地区安排了 153 个。为了与重大项目建设相配套,同时改变西部地区的闭塞状态,国家还对西部地区的交通运输进行了大力投资。1954 年建成了全长 2255 千米的川藏公路,随后建成了全长 2100 千米、平均海拔 4000 米的青藏公路,此外还修建了新藏、天山公路等西部交通大动脉;1956 年建成了连接陕西、甘肃、四川三省,全长 660 多千米的宝成铁路,一系列重大项目的建成投产,一系列配套项目的建成,以及铁路和公路交通大动脉的贯通,极大地促进了西部地区现代工业的迅速崛起。在现代工业的支撑下,西部地区城市也获得了极大发展,并初步形成了以重庆、西安、成都、兰州、包头、昆明、贵阳、柳州等中心城市为核心的新兴工业基地和现代城市体系。

自 1964 年起中国政府在中西部地区的 13 个省份进行了一场以战备为指导思想的大规模国防、科技、工业和交通基础设施建设。三线建设在西部地区基本建成了以国防科技工业为重点,以交通、煤炭、电力、钢铁、有色金属工业为基础,以机械、电子、化工为先导,包括能源工业、航天工业、飞机制造业、电子工业、重型机械制造业、有色金属业、核工业、仪器仪表业等在内的门类比较齐全的现代工业体系。在新兴工业基地和现代交通运输网络的支撑下,西部地区的现代城市体系得到了显著发展,并逐渐形成了一大批新兴工业交通枢纽城市,如陕西的西安、宝鸡、咸阳、渭南、汉中等城市,甘肃的兰州、酒泉、白银、金昌、天水等城市,宁夏的银川、石嘴山等城市,青海的西宁等城市,新疆的乌鲁木齐、吐鲁番等城市,四川的成都、绵阳、德阳、攀枝花、达州、泸州、自贡、宜宾、内江等城市，贵州的贵阳、安顺、六盘水、遵义等城市，云南的昆明、曲靖、玉溪等城市。

除"156项"和三线建设时期国家加大对西部地区重点产业布局的倾斜外，为了巩固边疆、建设边疆、发展边疆，中央在新疆、内蒙古、云南等省份设置了生产建设兵团，其中新疆生产建设兵团对西北边疆的开发成效尤为显著，生产建设兵团工农业的发展，推动了西部地区部分城市的产生与快速发展，如新疆的石河子、云南的景洪等。

(三) 改革开放以来西部城市缓慢发展阶段

中国的改革发轫于安徽的农村，中国的开放起步于东南沿海地区的深圳、珠海、汕头、厦门等城市。1977~1978年，在国家以200多亿美元外汇两次引进的47个主要成套项目中有24个布局在东部地区、12个布局在中部地区、11个布局在西部地区，这标志着国家开始实施向沿海地区倾斜的经济发展战略。国家经济建设的重心转向沿海地区，加大了对东部沿海地区的投资力度，赋予了东部地区更大的经济发展自主权，加上东部沿海地区较好的经济基础，以及更为便利的对外交通运输条件，东部地区的外向型经济获得了飞速发展。在改革开放后的20余年里，西部地区的经济发展与东部的差距越来越大，东西部城市发展的差距也越来越大。

(四) 西部大开发以来西部城市发展的新阶段

1999年，中央政府为推动西部发展，缩小东西部差距，提出了西部大开发战略。基于西部地区生态环境脆弱、基础设施落后、内生发展能力不足、引进外资存在诸多困境、资源优势转化为经济优势的能力缺乏等现实，在西部大开发战略实施之初，中央政府主导的大规模投资成为国家实施西部大开发的重要战略举措。自提出西部大开发战略以来，一大批工程项目相继投入施工，以重大工程项目引导西部开发的格局初步形成，并开始影响西部发展的大局。在国家重大项目投资的带动下，西部经济获得了显著发展，交通、通信条件获得了明显改善，在产业发展和基础设施改进的推动下，西部城市发展进入一个新的历史时期(见表3-1)。

表 3-1 西部地区总人口、城镇人口和城镇数量变化情况及其与全国的比较

年份	西部地区				全国			
	总人口（万）	城镇化率（%）	市（个）	镇（个）	总人口（万）	城镇化率（%）	市（个）	镇（个）
2000	35531	28.22	160	5562	126583	36.22	663	17892
2001	35587	28.82	163	6215	127627	37.73	662	18554
2002	35736	29.65	168	6943	128453	39.56	660	19520
2003	35890	20.62	170	7088	129227	40.53	660	20226
2004	35857	32.14	170	6985	129988	41.25	662	19984
2005	35945	34.56	171	6814	130756	42.99	661	19522
2006	36458	35.15	168	6882	131448	43.25	645	19365
2007	36298	36.96	166	6883	132129	44.94	655	19249
2008	13280	32.03	163	7068	132802	45.01	652	21204
2009	13347	33.88	163	8620	133474	46.86	653	25861
2010	13397	34.54	163	9850	133972	47.52	652	29551
2011	13705	36.94	163	10095	137053	49.92	651	30285
2012	13540	37.13	163	11895	135404	50.11	653	35687
2013	13607	38.89	164	13062	136072	51.87	654	39078
2014	13678	41.35	164	13403	136782	54.33	655	40210
2015	13827	43.13	164	13878	138271	56.11	656	41636
2016	37528	51.24	186	15726	139232	58.84	657	39862
2017	37815	52.94	190	15741	140011	60.24	661	39888
2018	37995	54.44	192	15780	140541	61.5	672	39945
2019	38178	55.94	202	14702	141008	62.71	684	38755
2020	38308	56.03	203	14593	141212	63.89	685	38741
2021	38281	58.25	210	14496	141260	64.72	691	38558

资料来源：2000～2022 年《中国统计年鉴》。

二、中国西部城市群的发展特征

中国西部城市发展历史的独特性，使中国西部城市的发展进程具有鲜明的个性。

(一) 城市发展基础薄弱

历史上，中国西部城市曾有过辉煌的发展历史，尤其是汉、隋、唐三代的长安城，作为封建盛世的国都，商业贸易极为繁荣，一度成为当时世界上最大、最繁华的大都市。宋代，经济重心东移、南移，西部城市随西部经济的衰落逐渐衰落，中国南部及东部沿海地区的城市则有了相当的发展。中华人民共和国成立以后，尤其是在"156项"和三线建设时期，国家加大了对西部地区重大项目的投入力度和重点投资的倾斜，中国西部城市发展第一次获得了较为完整的现代工业体系的支撑，一大批特色生产型城市得以产生与快速发展。随着国家推进改革开放、把经济建设重心转向沿海地区以后，主要依靠外力推动的西部城市发展受到严重影响。因此，从城市发展的历史进程来看，中国西部城市发展受制于经济基础，城市薄弱的经济基础严重地制约着中国西部城市数量的增长和城市规模的扩张，以及西部城市的发展转型。

(二) 城市布点区域集中

从中国西部城市群的发展历史来看，西北地区的关中地区、河西走廊，西南地区的四川盆地是中国西部开发较早的地区，再加上这几个地区的自然条件相对优越，农业生产基础较好，因此长期被作为西部的经济中心，地位极其重要。中华人民共和国成立以后，西北的关中地区和西南的四川盆地更是"156项"和三线建设的重点布局区域。因此，从发展历史来看，中国西部城市群的发展有集中布局的传统。时至今日，西北的关中地区和西南的四川盆地依然是中国西部城市分布相对密集的区域，而滇、黔、藏、青等省区，无论是历史上还是如今，城市分布一直相对稀疏。

(三) 政府推进城市建设

抗战时期，无论是"东企西迁"还是"西南西北工业建设计划"，都是一种战时建设方略，因而带有强烈的政府主导色彩。相应地，这一时期中国西部城市的发展无疑依靠的是政府行政力量。中华人民共和国成立以后，在计划经济时期，"156 项"和三线建设的部分项目在西部地区的布局则是在国家指令性计划安排下，依靠中央政府的倾斜性投资建设的。1978~1999 年，中国的对外开放从沿海向内陆梯度推进，国家投资也倾向于东部沿海地区。中国西部地区无论是市场经济观念、市场经济体制建设还是市场调节能力都弱于东部地区。

(四)城市循环相对封闭

中华人民共和国成立以后，经历了"156 项"和三线建设时期的倾斜性投资，西部城市的生产职能大大增强，但在进行"156 项"和三线建设时，中央政府更多考虑的是国家安全和地区均衡发展，因此在安排"156项"时难以考虑地区与地区、城市与城市、产业与产业之间的分工和联系。通过对城市发展进程的考察可以看出，中国西部城市群发展经历了一条特殊的路径，因而具有独特的历史特性。总体来说，近代以来，尤其是 1949 年以来，中国西部城市在获得显著发展的同时，面临的问题依旧突出。

第二节　中国西部城市群发展的现状分析

一、中国西部城市数量与城市密度分析

城市发展程度是衡量区域经济发展水平的一个标志性指标。从设市城市数量来看，2021 年全国设市城市数量为 691 个，其中东部地区 11 个省份的设市城市数量为 245 个，中部地区 8 个省份的设市城市数量为 236 个，西部地区 12 个省份的设市城市数量为 210 个，西部地区设市城市占全面设市城市比重(31%)远远低于其面积占全国土地总面积的比重(71.4%)和人口占全国总人口的比重(27%)。从城市面积来看，我国约 1.39 万平方千米

设一座城市,其中东部地区 11 个省份约 0.43 万平方千米设一座城市,中部地区 8 个省份约 0.72 万平方千米设一座城市,西部地区 12 个省份约 3.27 万平方千米设一座城市,西部地区城市面积远远大于东部地区、中部地区及全国平均水平。中国城市发展呈现明显的由东南沿海向中西部内陆梯度递减的规律(见表 3-2)。

表 3-2 2021 年西部地区设市城市数量及其与东中部地区的比较

地区	土地		人口			设市城市		
	面积(万平方千米)	占全国的比重(%)	人口数量(万)	占全国的比重(%)	城镇化率(%)	设市城市数量(个)	占全国的比重(%)	设市城市面积(万平方千米)
全国	960	100	141260	100	64.72	691	100	1.39
东部地区	106	11.1	60934	43	71.48	245	35	0.43
中部地区	168	17.5	41945	30	63.01	236	34	0.72
西部地区	686	71.4	38381	27	58.25	210	31	3.27

资料来源:2022 年《中国城市统计年鉴》和 2022 年《中国统计年鉴》经过整理得到。

二、中国西部城市化水平分析

(一) 城市化水平与经济发展水平的比较

从世界城市化进程的经验数据来看,区域城市化水平是与其经济发展水平同步的。借鉴霍利斯·钱纳里的发展模型[1],将中国西部地区的城市化水平与钱纳里的发展模型进行比较(见表 3-3)可以看出,中国西部地区的城市化水平与世界平均水平存在较大的偏差,即中国西部地区的城市化水平低于其经济发展水平。

---

[1] 霍利斯·钱纳里,莫伊恩·赛尔昆. 发展的型式 1950-1970[M]. 李新华,徐公理,迟建平,译. 北京:经济科学出版社,1988.

表3-3　中国西部地区的城市化水平与钱纳里发展模型中一般城市化水平的比较

世界人均GNP（美元）		300	400	500	700	800	1000	>1000
钱纳里发展模型中的城市化水平（%）		43.9	49	52.7	58.0	60.1	63.4	65.8
中国西部地区	城市化水平（%）	13.22	14.21	15.33	16.24	17.11	17.09	34.56
	偏差（%）	30.68	34.79	37.37	41.76	42.99	46.31	31.24

资料来源：2000~2017年《中国统计年鉴》；汪冬梅．中国城市化问题研究［M］．北京：中国经济出版社，2005.

（二）城市化水平与工业化水平的比较

工业化与城市化是一个国家和地区在发展过程中必须经历的阶段。一方面，工业化是城市化的经济内涵和经济基础，正是由于专业制造者和农民、不同制造业之间的高水平分工，才促进了城市的形成和发展；另一方面，城市化是工业化的空间表现形式和主体空间依托，城市的形成和发展使规模经济与产品多样化这一矛盾的空间变大，进一步促进了生产者集聚。

从城市化水平与工业化水平的比较来看，中国西部地区的城市化水平滞后于其工业化水平（见表3-4）。把中国西部地区的工业化水平及城市化水平与钱纳里发展模型中的工业化及城市化水平进行比较可以看出，在相同的工业化水平下，中国西部地区的城市化水平与钱纳里发展模型中的一般城市化水平存在较大的偏差。

表3-4　中国西部地区的工业化水平及城市化水平与钱纳里
发展模型中一般城市化水平的比较

世界人均GNP（美元）		300	400	500	800	1000	>1000
钱纳里发展模型	城市化水平（%）	43.9	49	52.7	60.1	63.4	65.8
	工业份额（%）	25.1	27.6	29.4	33.1	34.7	37.9
	偏差（%）	18.8	21.4	23.3	27.0	28.7	27.9
中国西部地区	城市化水平（%）	—	—	—	—	—	34.56
	工业化水平（%）	—	—	—	—	—	35.35
	偏差（%）	—	—	—	—	—	-0.79

资料来源：2000~2017年《中国统计年鉴》；汪冬梅．中国城市化问题研究［M］．北京：中国经济出版社，2005.

注：—为数据统计缺失。

(三) 城市化水平与非农化水平的比较

从西方发达国家城市化进程的推动产业来看,西方国家城市化腾飞主要依赖于工业化,工业化是城市化的产业基础和主要推动力量。随着经济的发展,产业结构逐步调整升级,发达国家相继把劳动密集型轻纺工业和资本密集型能源重化工业向发展中国家和新兴工业化国家或地区转移,第三产业逐步成为当今发达资本主义国家城市发展的主要产业基础。因此,发达资本主义国家的城市化水平是与其非农化水平相适应的。从中国西部地区城市化水平和非农化水平的比较来看,其城市化水平滞后于非农化水平的发展(见表3-5,非农化水平用非农产业产值比重表示)。

表3-5　中国西部地区的城市化水平与非农产业产值比重及其与全国的比较

年份	全国			西部地区		
	非农产业产值比重(%)	城市化水平(%)	城市化水平/非农产业产值比重	非农产业产值比重(%)	城市化水平(%)	城市化水平/非农产业产值比重
2000	85.17	36.22	0.43	77.74	28.22	0.36
2005	87.40	42.99	0.49	82.31	34.56	0.42
2007	84.13	44.94	0.53	88.70	36.96	0.42
2015	80.23	56.11	0.69	95.90	49.92	0.52
2021	92.74	64.72	0.70	88.55	58.25	0.66

资料来源:根据2000~2021年《中国城市统计年鉴》和《中国统计年鉴》经过整理得到。

三、中国西部城市群的综合竞争力分析

城市综合竞争力是衡量城市发展水平的主要指标之一,作为一个综合性概念,城市综合竞争力从市场占有率、经济增长率、综合生产率、生产效率、生活水平、经济结构等方面反映了一个城市的发展状况。倪鹏飞(2010)应用相关指标体系从增长竞争力(城市经济增长速度)、规模竞争力(城市综合市场占有率)、效率竞争力(城市综合生产率)、效益竞争力(城

市综合资源环境节约)、结构竞争力(城市产业高级化程度)、质量竞争力(城市综合人均收入)六个方面对全国城市综合竞争力进行了评估。从评估结果来看,中国城市综合竞争力在区域分布上依然沿袭"南高北低、南升北降"的总体格局,"东高中西低、东降中升"的趋势开始出现。这种状况的存在既有历史的原因,也有西部城市自身发展的问题。因此,深入分析西部城市发展面临的困境,并提出具有针对性的发展策略是推动西部城市、城市群及西部整体经济发展的客观需要。

第三节　中国西部城市群发展存在的问题

一、城市群范围界定突出行政区划的界限

作为城市化的高级形态,城市群的出现要以高度发展的城市作为支撑。我国西部城市群在范围界定上严格按照行政区域划分,城市群建设具有明显的政府主导性,各地区在培育各自的经济发展增长极时,需要有意识地将相互毗邻且发展势头较好的若干城市集中起来作为城市群,承担区域发展的增长极。例如,呼包鄂榆城市群范围包括内蒙古的呼和浩特市、包头市、鄂尔多斯市和陕西的榆林市,是我国"两横三纵"城镇化战略格局中的19个国家级城市群之一,这种划分在很大程度上是因为这些城市的地理位置毗邻,并不是以自然的经济联系为依据,也不是以城市群内各城市产业与产业间的联系紧密程度为依据。2022年11月,内蒙古自治区统计局发布的《呼包鄂榆城市群发展探析》指出,呼包鄂榆城市群存在的主要问题是"呼包鄂三市与榆林市之间的城际交通网远未形成""呼包鄂榆城市群发展谋划和协调力度还不够,未形成自上而下一体化推进局面,缺乏重大协同产业项目牵引。由于协同机制作用不够明显,导致城市间产业发展同质化,未形成错位发展格局""城市群区域内地方保护、市场准入、招商竞争等领域还存壁垒,商品服务和要素资源自由流动还有障碍,需要加快破除清理"。因此,呼包鄂榆城市群现在还不是经济意义上的城市群。

二、县域经济发展滞后，城乡存在差距

城市化的过程是农业人口向非农产业转移的过程，是农村人口逐步融入现代市场经济的过程。如何减少农村人口始终是我国城市群建设的先决条件。通过扩张现有大城市来转移农业人口仅仅是其中一条出路，而且不是主要出路。现今，如何增加居民就业是一个困扰已久的社会问题。转移农业剩余劳动力的关键是壮大县域经济，大力发展以县域为主体的广大中小城市。目前，就全国而言，县域经济发展很不充分，在西部地区的很多县，工业化进程缓慢，产业结构层次不高，政府对经济社会发展的调控水平有待进一步提升。以北部湾城市群为例，2021 年，南宁、北海、钦州和防城港四市的市区人口占全区总人口的 45.79%，GDP 占全区 GDP 总量的66.83%，财政收入占全区总收入的 80.67%。一方面说明此四市在广西壮族自治区具有绝对核心地位；另一方面也反映出该地区县域经济发展水平较低，城乡差距明显。

三、中心城市的贡献率低，辐射带动能力小

根据"极化—扩散"理论，一个城市群的发展必须有增长极（核心城市）的带动。大城市（或特大城市）是城市群中的第一级次，在城市群内起着重要的支撑作用，其发展水平在很大程度上决定了城市群的发展水平。我国城市群的一个突出特点是大城市数量少、规模小，领导力和影响力明显不够，而且没有形成适应区域经济发展的核心辐射源，更加剧了区域内部协调发展问题。例如，滇中城市群的核心城市昆明、沿黄城市群的核心城市银川等受经济总量的约束，辐射带动能力不足，影响了其应有的产业集聚和辐射功能。国内有学者将西安定位为关中城市群的核心、亚欧大陆桥经济带的心脏，以及整个西北地区的龙头，但目前西安市的 GDP、城镇居民人均可支配收入和农民人均纯收入还有很大的提升空间，经济发展现状影响了西安中心城市作用的发挥。

四、城市群等级体系不健全，缺少次级中心城市

城市群本身应是一个一体化的整合体，其内部可分为不同的层级，即

不仅拥有数个大的中心城市，而且还有大量的中小城市，是一个包括大中小城市和小城镇的群体。没有建立起完整的城市等级体系是我国城市群的一个突出特点。例如，在成渝经济区所有城市中，除了成都、重庆两个超大城市，其余都是中小城市，缺乏人口在 100 万以上城市的衔接配套，呈现典型的断层特征。成渝之间有 300 千米的距离，两市的辐射力远没有实现交集，只有这些中间城市群逐渐成形，成渝两地才可能真正构成经济意义上的共同体。关中城市群等也存在类似问题，即缺乏次级城市。这种结构对城市群发育的不良影响在于中心城市的辐射作用不能通过城市网络依次有序地逐级扩散到整个体系，会在一定程度上削弱中心城市的带动作用。

五、城市间产业结构雷同，有待形成良好的分工协作格局

城市群从表面上看是城市的融合，但其本质上是产业之间的融合，区域内城市合理的职能分工是提高整体竞争力的基础。我国城市群由于缺乏相互协调的经济制度，多数城市在确定未来职能和产业定位时，缺乏高度的协调与沟通，存在一定的盲目性。城市的发展目标大体相同，部分城市之间的竞争明显大于联合，导致重复建设现象严重。产业同构现象在一定程度上削弱了城市产业间的横向联系，制约了城市产业协作体系的发育，而且由于投资分散，高加工度、高附加值、高竞争力的产品比重较低，优势产业链难以形成，从而影响了城市群的整体经济效益。例如，在呼包鄂城市群中，呼和浩特与包头产业结构中的电力、电子、机械、化工、建材都占有较大的比重，鄂尔多斯产业与呼和浩特、包头重复的有化工、建材和电力，重工业产业档次没有拉开。

六、对于跨省域的城市群，政府之间协调能力有待提高

我国有些城市由于地域毗邻、经济相融，形成了一些跨越不同省份的城市群。行政关系的复杂性，给城市群内各城市间的经济协同发展带来掣肘。区域内各个市场存在割裂现象，城市间各自为政，没有彻底打破行政边界的限制。属于同一省域的城市经济关联度和发展协同度较高，不同省域的城市经济关联度和发展协同度明显偏低，这种行政分割也会使统筹协

调发展受到影响。有学者认为，部门利益和地方保护阻碍了经济资源的自由流动和跨地区的经济合作，是我国当前城市群发展过程中存在的较大问题。城市群内的各城市统筹协调不够，各个城市间基于产业内的分工难以形成联动协同发展机制，城市群内也缺乏产业协同发展的内在动力，城际间产业协调性较差，很难切实形成明显的联系与分工机制。

七、多数城市群仍处于粗放式增长阶段，可持续发展压力大

我国城市群经济的快速发展在相当程度上还依赖高资源投入，技术和知识对经济增长的贡献率较低。在西部地区，城市群均以第二产业为主，第三产业增加值所占比重不高，第二产业以传统制造业为主，高新技术产业的发展明显滞后。如果城市群内缺乏区域环境保护和开发的协调政策，就会造成较严重的环境污染。良好的生态环境是社会生产力持续发展和人民生活质量不断提高的重要基础，粗放型增长方式是与科学发展观相违背的，不利于城市群的可持续发展。

第四节　中国西部城市群空间重构

一、中国西部城市群空间重构的背景

西部城市群发展的相对滞后会使西部经济发展受到制约。在当前区域经济发展的新时代，经济基础薄弱、城市体系结构失衡是中国西部城市群发展面临的最主要的困境，这些困境不仅限制了西部城市过去的发展，也会进一步制约西部城市的未来发展。因此，要破解西部城市及城市群发展的困境，需要从城市结构入手。

二、中国西部城市群空间重构的目的

针对中国西部城市及城市群规模结构、职能组合结构、地域空间结构

都处于失衡状态的严峻现实，可以通过对其城市体系进行空间重构，促进城市功能的优化，进而推动西部城市发展水平的整体提升。同时，由于中国西部城市群发展还面临经济基础薄弱等问题，因此在对西部城市体系进行空间重构时，需要在产业与制度的支撑下予以推进，在增强城市群发展的经济基础、扩展城市群制度空间的支撑下，实现西部城市体系的空间重构，通过城市群空间重构优化西部城市群的空间结构，增强城市群引领区域发展的集聚功能和扩散功能，进而在促进城市群发展的同时，带动整个西部地区的社会经济全面发展。

三、中国西部城市群空间重构的理论基础

（一）多中心—外围城市群理论

空间经济学理论认为，生产规模报酬递增吸引制造业在某一地区日益集聚从而产生了城市，"冰山运输成本"的存在使产业及行业不会无限制地集聚于城市，当集聚力和分散力达到某种程度的均衡时，便在区域内形成了以城市为中心、以广大农村为外围的中心—外围结构。同样，在集聚力和分散力的共同作用下，由于各行业的市场潜能存在差异，区域产业的扩展和人口的增加会促使单一的中心城市发展成城市体系，形成城市体系的中心—外围结构。

在中国西部城市体系结构失衡、大城市数量不足及功能缺失、特大城市（超大城市）孤立发展难以承担引领区域城市体系发展的格局下，克鲁格曼等（1999）构建的以大城市（特大城市）为中心、以中小城市为外围的城市体系中心—外围结构，无法适应中国西部城市群发展的客观需求。基于西部地区的现实，全方位发展西部地区的城市化是不行的，必须走网络化、生态型开发之路。理论设想是建立多个结构合理、规模适度、产业关联、信息对称、功能完整的特色城市群。基于上文的分析，相邻中心城市构成的多中心，相对于单中心具有更大的引领和带动效应。因此，综合考虑自然、经济、行政区划、社会历史、文化传统等因素，基于扩展的中心—外围模型，多中心—外围城市群是中国西部城市群发展的可行空间组织形态。

(二) 多中心—外围城市群的空间格局

从多中心—外围城市群的理论内涵来看，经过空间重构培育与发展起来的多中心—外围城市群打破了传统的城乡关系、城市关系，体现出了适应西部发展实际的人口经济关系、人口社会关系及人口资源环境关系(见表3-6)。在发展质点上，由多中心城市引领与带动城市群及区域发展；在空间结构上，呈多中心—外围城市群层级网络体系；在产业支撑上，以城乡、城市间的产业关联与网络化发展引领城乡、城市间形成合理的层级网络结构；在制度安排上，以城乡协调统筹消除城乡二元结构，以城市区域合作竞争取代行政分割；在城市功能上，强化城市的多重发展和区域引导功能；在地理布局上，呈现极具生态学意义的群落状布局。因此，多中心—外围城市群呈现的是一种崭新的城市群空间格局。

表3-6　多中心—外围城市群的空间格局及空间相互作用

城市群层次	经济、居民点类型	发展质点	承担功能	联动因素
中心	特大城市、超大城市	A1，A2，…，Ai	引领多中心—外围城市群发展的增长极点、经济、文化、政治、交通等多功能中心	以产业关联发展为核心，以交通、通信联系为通道，以文化联系为纽带，以行政联系为补充
次级中心	大中城市	B11，B12，…，B1n；B21，B22，…，B2n	承接中心城市产业转移，引领区域城市群发展的增长极点、经济、文化、政治、交通等多功能中心	
外围	小城市、小城镇	C11，C12，…，C1n；C21，C22，…，C2n	承接中心城市产业转移、连接农村的经济市场中心	
腹地	农村	D11，D12，…，D1n；D21，D22，…，D2n	城市发展的市场、劳动力输出地、城市农产品输出地	

四、中国西部城市群空间重构的技术支撑

如前文关于城市群形成与发展的空间相互作用理论所析，在社会科学

领域运用的自然科学理论和模型中，应用最有成效的理论之一便是物理学中的牛顿万有引力定律。这一理论在经济学与地理学领域逐渐扩展为引力模型、潜能模型、一般相互作用模型、市场概率模型、购物模型、营业收入模型等一系列空间相互作用模型，并用来测度及预测区域与区域、城市与城市、城市与乡村之间的联系强度与联系实体。在城市经济学的应用中，重力模型更是扩展出了城市吸引力模型、城市经济影响区模型及城市体系规模模型等理论模型。在计算城市与城市之间的相互吸引力以确定哪些城市可能因较强的相互联系而形成城市经济带区，以及利用中心城市对周围城市的吸引强度来确定重点经济带的地域范围时，引力模型有重要的应用价值。

用引力模型测度城市之间的吸引强度和吸引范围的前提是，城市间的相互吸引力与城市规模（如人口规模、经济规模等）成正比，与两者之间的距离的平方成反比。引力模型的计算公式可以表述为：

$$T_{ij} = k \frac{P_i \times P_j}{d_{ij}^r} \tag{3-1}$$

式中：T_{ij} 为城市 i 与城市 j 之间的吸引系数；P_i、P_j 分别为两城市的经济规模、人口规模；d_{ij} 为两城市之间的距离；r 为摩擦系数，一般取值为 2；k 在研究中主要看计算结果的相对关系，取值不影响判断，这里取值为 1。

利用赋值，对式（3-1）两边取对数，可以得到回归方程：

$$\ln T_{ij} = \ln P_i + \ln P_j - 2\ln d_{ij} \tag{3-2}$$

应用式（3-2）对西部城市间的相互吸引力进行估计时，两城市之间的距离 d_{ij} 取城市之间的公路距离；城市规模指标 P_i 和 P_j 采用两城市市辖区 GDP 和市辖区非农业人口两个指标，对这两个指标进行对数处理以消除两指标的量纲问题，在此基础上，采用刘卫东等（2003）的方法对取对数后的市辖区非农业人口和市辖区 GDP 进行加权平均，得到 $\ln P_i$ 和 $\ln P_j$，即

$$\ln P_i \ or \ \ln P_j = (\ln population + \ln gdp)/2 \tag{3-3}$$

式中：$population$ 为城镇人口；gdp 为市辖区 GDP。

利用相关数据，分别应用式（3-2）和式（3-3）对西部城市间的相互吸引力进行估计，获得西部地区主要中心城市及其与次级城市之间的相互吸引力系数（见表 3-7 至表 3-10）。

表 3-7 呼和浩特市对周边城市的吸引力

城市	城镇人口（万人）	市辖区 GDP（万元）	P_i 或 P_j	呼和浩特至周边城市的公路距离（千米）	城市相互吸引力系数
呼和浩特（i）	278.53	19836100	11.2620	0	—
包头（j）	271.78	24450969	11.3086	170.3	218699.1107
乌海（j）	55.81	7186593	9.9048	568.43	4822.6205
鄂尔多斯（j）	216.84	9809860	10.7390	273.85	47851.4544
锡林浩特（j）	111.57	2943354	9.8049	710.47	2793.3349
巴彦淖尔（j）	152.8	3200000	10.0039	411.91	10140.3168
乌兰察布（j）	165.95	2379449	9.8970	138.57	80520.7707
榆林（j）	224.802	1355000	9.7673	403	8361.4033
银川（j）	234.7	1335000	9.7814	684.87	2936.3000
石嘴山（j）	59.9	4160000	9.6669	604	3366.7101

表 3-8 包头市对周边城市的吸引力

城市	城镇人口（万人）	市辖区 GDP（万元）	P_i 或 P_j	包头至周边城市的公路距离（千米）	城市相互吸引力系数
包头（i）	271.78	24450969	11.3086	0	—
乌海（j）	55.81	7186593	9.9048	413.8	9534.3996
鄂尔多斯（j）	216.84	9809860	10.7390	137.21	199703.8144
锡林浩特（j）	111.57	2943354	9.8049	874.07	1933.5674
巴彦淖尔（j）	152.8	3200000	10.0039	257.27	27234.2336
乌兰察布（j）	165.95	2379449	9.8970	302.17	17741.1155
榆林（j）	224.802	1355000	9.7673	265	20259.7821
银川（j）	234.7	1335000	9.7814	573	4394.8567
石嘴山（j）	59.9	4160000	9.6669	470	5825.3382
呼和浩特（j）	278.53	19836100	11.2163	170.3	218699.1107

表 3-9　鄂尔多斯市对周边城市的吸引力

城市	城镇人口（万人）	市辖区 GDP（万元）	P_i 或 P_j	鄂尔多斯至周边城市的公路距离（千米）	城市相互吸引力系数
鄂尔多斯(i)	216.84	9809860	10.7390	0	—
包头(j)	271.78	24450969	11.3086	137.21	199703.8144
乌海(j)	55.81	7186593	9.9048	955	1012.7725
锡林浩特(j)	111.57	2943354	9.8049	792	1332.4340
巴彦淖尔(j)	152.8	3200000	10.0039	272	13784.7839
乌兰察布(j)	165.95	2379449	9.8970	298	10320.3733
榆林(j)	224.802	1355000	9.7673	265	11462.4931
银川(j)	234.7	1335000	9.7814	573	2486.5033
石嘴山(j)	59.9	4160000	9.6669	470	3295.8350
呼和浩特(j)	278.53	19836100	11.2163	273.85	47851.4544

表 3-10　银川市对周边城市的吸引力

城市	城镇人口（万人）	市辖区 GDP（万元）	P_i 或 P_j	银川至周边城市的公路距离（千米）	城市相互吸引力系数
银川(i)	234.7	13350000	10.9327	0	—
石嘴山(j)	59.9	4160000	9.6669	103	83288.0712
吴忠(j)	78.9	2360000	9.5212	58	227057.4173
青铜峡(j)	14.6	1557915	8.4699	54	91549.9192
灵武(j)	20.6	6390372	9.3478	58	190914.0413
固原(j)	51	3751255	9.5347	339	6737.0716
乌海(j)	55.81	7186593	9.9048	140	57195.0762
白银(j)	150.3	3410000	10.0274	409	7575.4292
兰州(j)	366.5	25280000	11.4748	509	20796.3509
西安(j)	1023.23	103740000	12.6941	565	57129.4491

从表3-7至表3-10来看，呼和浩特、包头、鄂尔多斯、银川四个区域中心城市与周边城市的相互吸引系数较大，此外呼和浩特、包头、鄂尔多斯、银川四个中心城市之间的相互吸引力系数也较大，尤其是呼和浩特与包头之间的吸引力系数达到218699.1107。虽然银川与吴忠、银川与灵武之间的相互吸引力系数也较大，但考虑到呼和浩特、包头、银川分布在呼包线、包兰线上，再加上呼和浩特、包头、银川在历史上的传统联系，因此可以考虑以呼和浩特、包头、银川、鄂尔多斯四市为中心城市，以周边城市为外围，培育四中心—外围城市群。

从表3-11和表3-12来看，重庆、成都两城市与周边城市的相互吸引力系数较大，此外重庆和成都两城市之间的相互吸引力系数达到了2634112.7274。考虑到成渝经济区的发展基础较好，以及长江航道、成渝铁路、成渝高速公路等便捷的交通通道，再加上两省份在历史上的传统联系，因此可以考虑以重庆、成都两市为中心城市，以周边城市为外围，培育成渝双中心—外围城市群。

表3-11　重庆市对周边城市的吸引力

城市	城镇人口（万人）	市辖区GDP（万元）	P_i 或 P_j	重庆至周边城市的公路距离（千米）	城市相互吸引力系数
重庆（i）	1391	242260000	13.2717	0	—
合川（j）	72.9	9738768	10.1904	58	4597949.6214
永川（j）	52.51	11441707	10.1069	87	1879889.5617
江津（j）	70.5	12579646	10.3016	42	9800192.5612
南川（j）	26.91	4085085	9.2577	179	189957.1990
南充（j）	284.88	9520000	10.8605	199	763392.2087
内江（j）	158.5523	5730000	10.3137	177	558497.8080
自贡（j）	138.6454	9900000	10.5200	200	537668.7060
成都（j）	1684.3402	163360000	13.1703	340	2634112.7274

表 3-12　成都市对周边城市的吸引力

城市	城镇人口（万人）	市辖区 GDP（万元）	P_i 或 P_j	成都至周边城市的公路距离（千米）	城市相互吸引力系数
成都(i)	1684.3402	163360000	13.1703	0	—
广安(j)	145.70528	5100000	10.2132	301.62	157177.4473
自贡(j)	138.6454	9900000	10.5200	179.23	604973.9711
攀枝花(j)	84.88288	8240000	10.1829	630.24	34926.0524
泸州(j)	218.74224	13280000	10.8948	260.98	415086.5688
德阳(j)	197.40513	9700000	10.6864	84.54	3211651.1558
绵阳(j)	261.87529	18640000	11.1543	130.97	2136556.2394
广元(j)	109.72098	5390000	10.0990	301.62	140218.9529
遂宁(j)	161.94022	6490000	10.3865	168.92	595971.2845
内江(j)	158.5523	5730000	10.3137	172.07	533999.7284
乐山(j)	170.37457	9810000	10.6185	136.06	1158413.8097
宜宾(j)	243.7887	19400000	11.1385	238.88	632172.8487
南充(j)	284.88564	9520000	10.8605	229.71	517704.2369
眉山(j)	151.23449	7270000	10.4090	71.47	3405123.2316
达州(j)	272.9571	7450000	10.7165	391.93	153991.2656
雅安(j)	76.63005	3450000	9.6964	129.84	505917.6812
资阳(j)	96.20208	3850000	9.8650	87.5	1318542.8837

　　从表 3-13 至表 3-15 来看，南宁、贵阳、昆明三个区域中心城市与周边城市的相互吸引力系数较大，虽然南宁、贵阳、昆明三个中心城市之间的相互吸引力系数不如成渝间的相互吸引力系数，但考虑到南昆线、贵昆线、黔桂线连接三个城市，再加上滇桂同时作为中国—东盟自由贸易区的前沿，以及三省份、三城市历史上的传统联系，因此可以考虑以南宁、贵阳、昆明三市为中心城市，以周边城市为外围，培育三中心—外围城市群。

表 3-13　南宁市对周边城市的吸引力

城市	城镇人口（万人）	市辖区 GDP（万元）	P_i 或 P_j	南宁至周边城市的公路距离（千米）	城市相互吸引力系数
南宁(i)	505.64	41410000	11.8824	0	——
柳州(j)	222.28	23380000	11.1857	241.33	179111.3669
桂林(j)	138	9750000	10.5100	375.58	37627.9244
梧州(j)	63.77	6930000	9.9533	356.55	23928.0480
北海(j)	77.71	11530000	10.3067	225.44	85224.5042
玉林(j)	88.96	6850000	10.1140	207.25	83162.3821
百色(j)	52.37	5440000	9.7338	239.93	42427.2571
河池(j)	51.4	3850000	9.5516	244.42	34073.1097
钦州(j)	78.59	7260000	10.0811	126.11	217333.2777
贵港(j)	94.05	7890000	10.2125	150.06	175049.6892
防城港(j)	42.91	6480000	9.7217	143.01	117979.6962
贺州(j)	57.25	5580000	9.7911	460.36	12203.4608
来宾(j)	102.04	4130000	9.9296	167.51	105864.9264
崇左(j)	93.64	2390000	9.6131	129.82	128445.7592
都匀(j)	51.09	234.48	4.6955	629	40.0307
兴义(j)	93.69	5484000	10.0287	638	8058.0009
贵阳(j)	247	37860000	11.4794	798	21973.8586
昆明(j)	684	56770000	12.1912	638	70051.8271

表 3-14　贵阳市对周边城市的吸引力

城市	城镇人口（万人）	市辖区 GDP（万元）	P_i 或 P_j	贵阳至周边城市的公路距离（千米）	城市相互吸引力系数
贵阳(i)	247	37860000	11.4794	0	——
六盘水(j)	43	3470000	9.4104	240.87	20359.7444
遵义(j)	137	13070000	10.6529	161.1	157668.8057

城市	城镇人口（万人）	市辖区 GDP（万元）	P_i 或 P_j	贵阳至周边城市的公路距离（千米）	城市相互吸引力系数
安顺（j）	63	5870000	9.8642	87.9	240685.7380
都匀（j）	51.09	2344800	9.3006	169	37058.3626
凯里（j）	58.85	2954100	9.4868	188	36075.2137
铜仁（j）	34	3420000	9.2858	327.66	9712.7998
兴义（j）	93.69	5484000	10.0287	364	16543.6509
毕节（j）	78	5410000	9.9302	179.27	61811.5278
曲靖（j）	81	15020000	10.4597	478	14762.5188
昆明（j）	304	56770000	11.7858	615	33588.0498
河池（j）	34	3850000	9.3450	509	4270.4441

表 3-15　昆明市对周边城市的吸引力

城市	城镇人口（万人）	市辖区 GDP（万元）	P_i 或 P_j	昆明至周边城市的公路距离（千米）	城市相互吸引力系数
昆明（i）	684	56770000	12.1912	0	—
个旧（j）	31.5	4015000	9.3278	320	21641.4120
大理（j）	55.9	5174400	9.7414	362	25574.4475
开远（j）	23.1	3033800	9.0326	203	40030.8568
昭通（j）	203.1	14620600	10.9058	349.11	88104.9846
玉溪（j）	122.8	12020000	10.5563	74.85	1351310.9807
楚雄（j）	42.8	5634600	9.6505	165	112401.7414
曲靖（j）	285.1	33939100	11.4965	145.66	913599.0854
保山（j）	87.2	1165.54	5.7646	502.26	249.0303
瑞丽（j）	17.4	1424600	8.5129	844	1377.2846
思茅（j）	33.1	2400500	9.0954	570	5406.3311
景洪（j）	36.7	3505000	9.3362	692	4667.1564
安宁（j）	40.6	6125800	9.6659	33	2853671.9196

城市	城镇人口 （万人）	市辖区 GDP （万元）	P_i 或 P_j	昆明至周边 城市的公路距离 （千米）	城市相互 吸引力系数
芒市(j)	23.5	1809900	8.7829	661	2941.3439
丽江(j)	61	1980000	9.3047	499.27	8687.8851
临沧(j)	80.5	1840000	9.4068	474.01	10673.8069
兴义(j)	93.69	5484000	10.0287	305	48015.6886
安顺(j)	63	5870000	9.8642	605	10352.9967
攀枝花(j)	84.88288	8240000	10.1829	352	42060.6355

从表 3-16 至表 3-18 来看，西安、兰州两个区域中心城市与周边城市的相互吸引力系数较大，兰州与西安之间的相互吸引力系数达到了64132.0870，兰州与西宁之间的相互吸引力系数则达 121659.0977。考虑到西陇海—兰新经济带，以及陇海线、兰青线、青藏线连接西安、兰州、西宁三个城市，再加上三省历史上的传统联系，因此可以考虑以西安、兰州两市为中心城市，以周边城市为外围，培育双中心—外围城市群。

表 3-16　西宁市对周边城市的吸引力

城市	城镇人口 （万人）	市辖区 GDP （万元）	P_i 或 P_j	西宁至周边 城市的公路距离 （千米）	城市相互 吸引力系数
西宁(i)	141	13860000	10.6966	0	—
格尔木(j)	15.2	1525462	8.4796	799	333.4418
德令哈(j)	8.4	1734478	8.2472	502	669.5882
张掖(j)	58.95	2300000	9.3626	347	4275.0190

表 3-17　西安市对周边城市的吸引力

城市	城镇人口 （万人）	市辖区 GDP （万元）	P_i 或 P_j	西安至周边 城市的公路距离 （千米）	城市相互 吸引力系数
西安(i)	964.7352	103740000	12.6646	0	—

城市	城镇人口（万人）	市辖区GDP（万元）	P_i或P_j	西安至周边城市的公路距离（千米）	城市相互吸引力系数
铜川(j)	45.582	3970000	9.5069	67.16	943512.7017
宝鸡(j)	195.0168	14940000	10.8963	392	111126.1739
咸阳(j)	226.71	7480000	10.6257	31.16	13417401.7440
延安(j)	140.904	5620000	10.2450	309.37	93014.4898
汉中(j)	167.7546	6560000	10.4095	286.17	128149.8540
渭南(j)	239.5183	5110000	10.4627	66.03	2538483.7640
榆林(j)	225.423	13550000	10.9199	557.59	56236.2032
安康(j)	128.484	4070000	10.0375	228.97	137988.1350
商洛(j)	101.311	1520000	9.4262	130.5	230518.7500
平凉(j)	83.97	1710000	9.3912	300	42120.6250
天水(j)	138.01	4300000	10.1007	342	65889.2369
广元(j)	109.72098	5390000	10.0990	453	37490.3938
银川(j)	234.7	13350000	10.9327	632	44334.3357

表3-18　兰州市对周边城市的吸引力

城市	城镇人口（万人）	市辖区GDP（万元）	P_i或P_j	兰州至周边城市的公路距离（千米）	城市相互吸引力系数
兰州(i)	366.35	25280000	11.4746	0	—
嘉峪关(j)	29.77	3260000	9.1954	726.13	1798.0679
金昌(j)	34.14	3280000	9.2669	370.42	7421.9232
白银(j)	86.71	3410000	9.7524	74.68	296715.2014
天水(j)	138.01	4300000	10.1007	307.46	24799.8408
武威(j)	69.6	3770000	9.6927	271.7	21117.0210
张掖(j)	58.95	2300000	9.3626	504.14	4409.0004
酒泉(j)	68.69	2320000	9.4433	709.1	2416.0861
定西(j)	99.08	1290000	9.3330	106.6	95743.6715
哈密(j)	49.06	5000000	9.6590	1380	791.4568
宝鸡(j)	195.0168	14940000	10.8963	510	19971.3578

城市	城镇人口（万人）	市辖区 GDP（万元）	P_i 或 P_j	兰州至周边城市的公路距离（千米）	城市相互吸引力系数
西宁(j)	141	13860000	10.6966	187	121659.0977
西安(j)	964.7352	103740000	12.6646	689	64132.0870
银川(j)	234.7	13350000	10.9327	509	20792.0948

从表3-19来看，虽然乌鲁木齐与周边城市的相互吸引力系数较大，但由于远离内陆，与内陆的嘉峪关等城市的相互吸引力系数较小，因而乌鲁木齐市难以与内陆中心城市重构，但可以考虑以乌鲁木齐和昌吉或石河子为中心，培育天山北坡中心—外围城市群。

表3-19　乌鲁木齐市对周边城市的吸引力

城市	城镇人口（万人）	市辖区 GDP（万元）	P_i 或 P_j	乌鲁木齐至周边城市的公路距离（千米）	城市相互吸引力系数
乌鲁木齐(i)	290	33373200	11.4966	0	—
克拉玛依(j)	31	8868972	9.7160	314.4	16502.5227
石河子(j)	65.3	3624223	9.6411	142	75055.9770
吐鲁番(j)	30	3734134	9.2671	199.51	26159.1823
哈密(j)	49.06	607911	8.6054	595.65	1514.2564
昌吉(j)	37	13872484	10.0282	35	1819448.6963
伊宁(j)	55.37	12660074	10.1840	685.56	5541.9470
塔城(j)	17.8	7375736	9.3465	549.94	3727.1768
阿勒泰(j)	25.43	3345322	9.1295	651.54	2137.5087
库尔勒(j)	58.86	11062937	10.1471	439	13026.0947
嘉峪关(j)	29.77	3260000	9.1954	1214	657.5954

五、中国西部多中心—外围城市群重构格局

城市群的形成与发展是多因素综合作用的过程，考虑到多中心—外围

城市群发展的自然条件、经济基础和动力机制，以及西部各中心城市对外围的吸引力和相邻中心城市的相互吸引力系数，从历史联系和现实发展的角度分析可知，基于主体功能区格局，在国家把成渝地区、关中地区、兰银地区、北部湾地区、滇池盆地、天山北麓地区列为重点开发，把大部分地区列为禁止或限制开发区等功能定位的区域发展战略环境下，中国西部的呼包鄂银地区、兰银地区、关中地区、成渝地区、南贵昆地区都具有发展多中心—外围城市群的条件和潜力，可列为中国西部多中心—外围城市群发展的重点区域。

(一) 呼包鄂银四中心城市群

内蒙古和宁夏作为中国的两个自治区，其社会经济的发展具有极为重要的经济、社会和生态意义。内蒙古、宁夏两区内能源、矿产资源、稀土资源、民族文化资源丰富，西包、包兰等铁路干线及民航线路连通国内外。因此，以呼和浩特、包头、鄂尔多斯、银川四个大城市为中心，以东胜、乌海、鄂尔多斯、临河、集宁、吴忠、石嘴山、青铜峡、灵武等城市为外围次中心，以相邻经济辐射区域为腹地，在有效的制度安排下消除城乡协调互动、区域协调互动发展的制度障碍，以能源与化工、冶金与建材、装备制造与高新技术、稀土与新材料、农畜产品加工等特色优势产业集群为产业支撑，开发塞外风情、大漠风光、民族风情等民族文化资源，将该区域发展成接受京津辐射、面向蒙古国和俄罗斯的，具有鲜明地域特色的呼包鄂银四中心—外围城市群。呼包鄂银四中心—外围城市群作为该区域经济发展的主体空间依托，承接限制开发区域和禁止开发区域的人口转移，发展成支撑区域经济发展和人口集聚的重要载体，从而带动整个区域发展。

(二) 成渝双中心城市群

川渝两省市幅员面积大，成渝经济区是西部大开发中国家重点建设的长江上游经济带的主体，在中国西部地区及长江流域经济开发中都具有极为重要的政治、经济、社会和生态地位。川渝两省市内有成渝、达成、宝成、成昆、襄渝、川黔等铁路干线和较发达的高速公路网连通区域内外，成都双流国际机场和重庆江北国际机场通达国内外，长江航运水道直抵重庆，拥有较为便捷的水陆空立体交通体系。因此，在以川渝为主体的长江上游地区，以成都和重庆两个超大城市为中心，以绵阳、德阳、雅安、乐山、眉山、自贡、泸州、内江、宜宾、永川、合川、江津、涪陵等城市为外围次中心，以成都平原、渝西经济走廊、川南、川东北为腹地，以宝成、成昆、成渝、达成、襄渝、川黔等铁路干线和高速公路网为发展轴，以长江为出海通道，建设与发展长江上游成渝双中心—外围城市群。川渝两省市以成渝双中心—外围城市群为经济发展的主体空间依托，在有效的制度安排下消除城乡、区域协调互动发展的制度障碍，以钢铁工业、机械工业、汽车工业、国防军工、航空航天、化学工业、电子工业、医药工业、食品饮料工业等特色优势产业集群为产业支撑，同时积极开发与发展民族特色生态产业，把成渝双中心—外围城市群建成中国重要的制造业基地和西部生态型经济中心，承接限制开发区和禁止开发区域的人口转移，发展成为支撑区域乃至全国经济发展和人口集聚的重要载体，辐射并推动整个长江上游地区的发展。

(三)兰西双中心城市群

陕西和甘肃两省地处中国西北地区，拥有关中盆地和河西走廊等自然条件相对优越的地区，历史文化底蕴深厚。两省内的第二亚欧大陆桥东接连云港、西通中亚直抵西欧，西康、包西、包兰、宝成、青藏等铁路干线通达区域内外，高速公路网初步形成，航空网络快速发展。因此，在陕甘两省以西安、兰州两城市为中心，以西宁、宝鸡、咸阳、安康、渭南、铜川、天水、定西、白银、武威等城市为外围次中心，以相邻区域为腹地，依托陇海铁路、青藏铁路和干线公路，发展成兰西双中心—外围城市群。陕甘两省以兰西双中心—外围城市群为经济发展的主体空间依托，在有效的制度安排下消除城乡协调互动、区域协调互动发展的制度障碍，以装备制造、能源与石油化工、有色冶金、农产品加工、高新技术与军工、航空航天、旅游等特色优势产业集群为产业支撑，把西安—兰州沿线地区建成西北地区重要的经济带，承接限制开发区和禁止开发区域的人口转移，发展成为支撑区域乃至全国经济发展和人口集聚的重要载体，辐射西北，带动整个西北地区的发展。

(四)南贵昆三中心城市群

滇黔桂三省区地处中国西南部，幅员面积大，是中国重要的民族聚居地区，广西和云南有漫长的边境线，是连接中国与东南亚和南亚的国际大通道。三省区内已建成南昆、贵昆、成昆、内昆、川黔、湘黔、焦柳、湘桂等铁路干线和初具规模的高速公路网络，正在建设泛亚铁路东、中、西线，拥有北海、防城港、钦州等出海口和多个民航机场。因此，在以滇黔桂三省区为核心的西南地区，以南宁、贵阳、昆明三个城市为中心，以柳州、钦州、防城港、北海、凯里、都匀、安顺、曲靖、玉溪、楚雄等城市为外围次中心，以相邻经济辐射区为腹地，以南昆、贵昆、成昆、内昆、川黔、湘黔、焦柳、湘桂等交通干线为主轴，以北海、防城港、钦州为出海口，以规划建设中的泛亚铁路东、中、西三线为陆路出境通道，构建面向东南亚和南亚的开放型南贵昆三中心—外围城市群。滇黔桂三省区以南贵昆三中心—外围城市群为经济社会发展的主体空间依托，在有效的制度安排下消除城乡协调互动、区域协调互动发展的制度障碍，以烟草与酿酒、能源与原材料、生物资源与医药、民族文化与旅游、电子信息和机械等特色优势产业集群为产业支撑，突出产业发展的生态性、民族性和外向性，把南贵昆三中心—外围城市群建成中国西南地区重要的经济中心，承接限制开发区域和禁止开发区域的人口转移，发展成支撑区域乃至全国经济发展和人口集聚的重要载体，带动整个西南地区外向型经济发展。

除上述四个重点多中心—外围城市群，在新疆的天山北麓、西藏的局部地区也可适度发展群落态城镇，成渝双中心—外围城市群、南贵昆三中心—外围城市群、兰西双中心—外围城市群、呼包鄂银四中心—外围城市群作为中国西部多中心—外围城市群发展的重点区域，各城市群之间经由铁路干线、高速公路和民航网络相互联通与联动，作为西部经济发展的主体空间依托，支撑西部地区乃至全国的经济发展和人口集聚。

第五节　本章小结

本章以中国西部城市发展历程为背景，以中国西部城市发展现状为基础，首先利用人口规模、城市化水平、人均 GDP、经济密度、经济外向度等九个指标，筛选出中国西部地区十大城市群，包括南北钦防城市群、银川平原城市群、呼包鄂城市群、酒嘉玉城市群、兰白西城市群、黔中城市群、滇中城市群、关中城市群、天山北坡城市群、成渝城市群；其次借鉴刘卫东等的西部地区中心城市等级划分模型，选择城市社会发展、经济发展和人文环境发展作为二级指标，城市化水平、城市基础设施建设、城市信息化水平、科技与人力资源开发、经济发展实力、城市发展实力、城市发展活力、城市综合服务能力、城市经济联系强度、城市人居环境、城市水资源保障水平十一个指标作为三级指标，建立西部地区中心城市集聚度评价指标体系，对筛选出的十一个城市群进行评价，找出八个集聚度最高的城市群，包括呼包鄂城市群、银川平原城市群、兰白西城市群、关中城市群、成渝城市群、滇中城市群、黔中城市群、南北钦防城市群；再次运用核心—外围理论，对八个城市群的核心城市进行吸引力测算，最终测算出吸引力最强的城市包括呼和浩特、包头、鄂尔多斯、银川、西安、成都、兰州、贵阳、南宁，昆明；最后根据测算结果，重构中国西部地区城市群，包括呼包鄂银城市群、兰西城市群、成渝城市群、南贵昆城市群。本次重构以经济发展为视角，打破了行政区划的束缚，对中国西部地区城市发展具有一定的促进作用。

第四章

西部地区城市群协调发展现状评价与实现机制分析

自西部大开发战略实施以来，国家在水利、交通、能源等基础设施和生态建设方面对西部地区的投资大幅度增加，西部地区经济增长速度明显加快，涌现出了一批城市群，如成渝城市群、关中城市群、兰白西城市群、天山北坡城市群、南北钦防城市群和呼包鄂城市群及城镇密集区，构成了我国城市化发展的新格局。城市群作为未来承载国内外投资与开发的重点区域，在我国经济建设特别是"一带一路"建设中，具有极为重要的战略作用。《国家新型城镇化规划（2014—2020 年）》明确提出，优化我国城镇化格局，使中西部地区城市群成为推动区域协调发展新的重要增长极。西部地区城市群已成为中国西部地区社会经济发展极为活跃的区域，但同时利益冲突也非常激烈。本书以我国西部地区八个城市群为研究对象，在新的研究视角下对西部地区城市群的协调发展进行定量评价。根据西部地区八个城市群协调发展的评价结果，分解影响西部地区各城市群协调发展的主要因子，结合城市群协调发展的内在机制，进一步找出阻碍城市群协调发展的关键问题，并提出西部地区城市群协调发展的调整方向及实现机制。

第一节　西部地区城市群的发展现状

一、西部地区城市群的界定

我国西部地区城市经过多年集聚发展形成了一批发育状况不一的城市

群，许多学者对西部地区的城市群或准城市群进行了研究。根据已有的国内研究成果，将学者提到的西部城市群进行汇总，得到一个"准城市群"集合，按照城市群的中心城市必须是大城市、特大城市或超大城市（城市建成区内的非农业人口数量超过 100 万），在西部地区 12 个省份①中，共有八个城市群。

二、西部地区城市群发展的经济环境

不断深入的经济全球化和区域经济一体化是西部地区城市群发展面临的宏观经济环境。资金、技术等生产要素在西部地区城市群内部和城市之间的流动与组合不断加快，城市群内部和城市间在经济方面的相互依赖关系不断加深，资本、人力、技术的流动及跨区域企业的分支机构，促使城市群内部的生产和市场体系逐渐形成。西部地区城市群发展面临的中观经济环境，主要表现为西部地区整体经济发展所处的阶段与产业和城市化发展环境两个方面。

（一）西部地区经济发展阶段

方创琳在《区域发展战略论》一书中综合了克拉克（Clark）、库兹涅茨（Kuzenets）、钱纳里（Chenery）、塞尔奎因（Syrquin）及霍夫曼（Hoffmann）等结构主义学者的大量统计分析发现，在不同的经济发展阶段，三次产业结构、工业内部结构不同，经济发展过程中存在显著的结构效应。综合不同学者的观点，采用工业化程度、区域产业结构、区域就业结构、区域城市化水平四项具体指标②，来判定西部地区经济所处的阶段（见表 4-1）。

表 4-1　我国西部地区经济发展阶段

判定标准	具体指标	工业化前期	工业化中期	工业化后期	后工业化阶段	西部地区（2021 年）
工业化程度	工业增加值占 GDP 的比重（%）	20~40	40~70	下降		11.47

---

①　12 个省份包括四川、重庆、贵州、云南、西藏、陕西、甘肃、青海、宁夏、新疆、广西、内蒙古。

②　方创琳. 区域发展战略论[M]. 北京：科学出版社，2002.

续表

判定标准	具体指标	工业化前期	工业化中期	工业化后期	后工业化阶段	西部地区（2021年）
区域产业结构	人均 GDP（美元）	300	300～1500	1500～10000	≥10000	8785.12
区域就业结构	第三产业增加值占 GDP 的比重（%）	10～25	30～60	上升		49.94
区域城市化水平	城镇人口比重（%）	10～35	35～50	上升		58.25

资料来源：根据 2022 年《中国统计年鉴》计算得到。

根据表 4-1 可知，按工业化程度，我国西部地区经济发展阶段处在后工业化阶段；按区域产业结构，我国西部地区已经迈入工业化后期。综合分析得出，我国西部地区经济发展刚刚迈入工业化后期。根据传统发展经济学的观点，资本（特别是外商直接投资）对处于这个阶段城市群（地区）的发展具有很大的作用，而且国内已有不少学者做了相关的实证分析，如沈坤荣和耿强（2001）、魏后凯（2002）、蒙荫莉（2003）、顾朝林（2004）、朱传耿（2004），他们都证实了资本对城市发展具有支撑作用。因此，在西部地区目前所处的发展阶段，资本对西部地区城市群发展所起的作用是毋庸置疑的。

（二）产业和城市化发展环境

从产业劳动力所占比重来看，西部地区第三产业的从业人员占总从业人员的平均比重接近 50%，第一产业和第二产业从业人员占总从业人员的比重相对较低（见图 4-1）。从三大产业产值占 GDP 的比重来看，西部地区第三产业产值在 GDP 中所占的比重较大，第二产业略低于第三产业，第一产业最低（见图 4-2）。

城市化是全面推动农村经济发展、吸收农村剩余劳动力转移、解决农村经济问题的有效途径。西部地区城市化水平的不断提高不仅可以消化和吸收更多的劳动力，也能促进第三产业顺利发展，优化产业结构。从城市化整体发展水平来看，2021 年我国城市化率为 64.72%，西部地区为 58.25%。从图 4-3 可以看出，除重庆、内蒙古和宁夏三个省份的城市化率高于全国水平外，其余各省份均低于全国平均水平，西部地区整体城市化水平低于全国水平。但是，西部地区各省份的城市化水平均超过了 30% 这个门槛值。

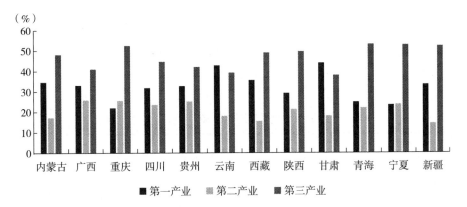

图 4-1　2021 年西部地区各省份三次产业从业人员占总从业人员的比重

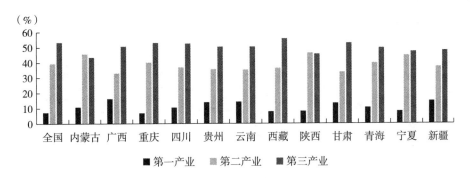

图 4-2　2021 年西部地区各省份三次产业产值占 GDP 的比重

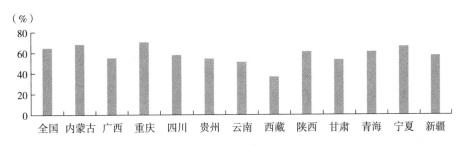

图 4-3　2021 年西部地区各省份城市化率与全国水平的比较

由表 4-2 可以看出，2021 年西部地区市辖区总人口在 400 万以上的城市占全国的 20.15%，市辖区总人口为 100 万~400 万人的城市占全国的 36.62%，市辖区总人口为 50 万~100 万人的城市占全国的 60.00%，市辖区总人口为 20 万~50 万人的城市占全国的 100.00%。整个西部地区的地级市数量占全国的 31.16%，县级市数量占全国的 29.19%，较 2015 年分别提高了 0.92 个百分点和 3.71 个百分点。这充分说明西部地区城市群面临快速城市化向规模化发展的机遇，但对比西部地区不同规模城市数量与全国的对应情况可以发现，西部地区城市结构发育不够完善。

表 4-2　2021 年西部地区城市分组情况

	城市人口（人）	全国数量（个）	西部地区数量（个）	占全国的比重（%）
地级市	400 万以上	134	27	20.15
	200 万~400 万	101	38	37.62
	100 万~200 万	41	14	34.15
	50 万~100 万	10	6	60.00
	20 万~50 万	6	6	100
	20 万以下	0	0	—
	总计	292	91	31.16
县级市		394	115	29.19
总计		686	206	30.03

（三）西部地区城市群发展现状

1. 城镇体系发展现状

一般来说，具有完整辐射功能的城市群，其城市的等级结构应该有四个层次：特大城市、大城市、中等城市、小城市和城镇，总体上呈"金字塔"形结构。从各城市群的城市体系结构来看，西部地区各城市群的城市体系结构均存在等级断层和各等级城市数量比例不协调等问题（见表 4-3）。

除了成都和包头，西部地区城市群中心城市 GDP 占整个城市群 GDP 的比重都超过了 30%，天山北坡城市群的中心城市乌鲁木齐的 GDP 比重达到了 77.5%，远远超过了其人口所占的比重（见表 4-4）。这说明西部地区城市群内部中心城市的经济实力远远超过其他等级的城市，西部地区城市群内部城市的断层，使城市群内部只能由中等城市直接接受中心城市的辐射。

表 4-3　2021 年西部地区城市群城镇人口规模等级结构

城市群	大城市及以上规模城市（>100 万人）	中等城市（50 万~100 万人）	Ⅰ型小城市（20 万~50 万人）	Ⅱ型小城市（<20 万人）
成渝城市群	重庆、成都、自贡、攀枝花、泸州、德阳、绵阳、广元、遂宁、内江、乐山、南充、眉山、宜宾、广安、达州、雅安、巴中、资阳	都江堰、彭州、邛崃、崇州、广汉、江油	绵竹、什邡	
内部城市分类	19	6	2	0
关中城市群	西安、咸阳、宝鸡、渭南	铜川、兴平	韩城、华阴	
内部城市分类	4	2	2	0
黔中城市群	贵阳、遵义、安顺、毕节	清镇、仁怀、凯里、都匀		
内部城市分类	4	4	0	0
南北钦防城市群	南宁、钦州、北海、防城港	东兴		
内部城市分类	4	1	0	0
滇中城市群	昆明、曲靖、玉溪、昭通、保山、丽江	楚雄		
内部城市分类	6	1	0	0
兰白西城市群	兰州、西宁、白银、定西		临夏	
内部城市分类	4	0	1	0
呼包鄂城市群	呼和浩特、包头、鄂尔多斯			
内部城市分类	3	0	0	0
天山北坡城市群	乌鲁木齐	昌吉	克拉玛依	
内部城市分类	1	1	1	0
西部地区共计	45	15	6	0

资料来源：2022 年《中国城市统计年鉴》及西部地区各省份统计年鉴。

表4-4　2021年西部地区城市群中心城市的GDP占整个城市群GDP的比重

单位：%

中心城市	重庆	成都	西安	贵阳	兰州	西宁	昆明	南宁	乌鲁木齐	包头
GDP比重	35.33	25.23	58.16	38.80	55.21	26.47	32.80	56.34	77.50	29.59

综上分析，西部地区城市群内部城镇体系的发展有以下特征：

第一，西部地区城市群城镇规模等级结构呈现"一边倒"的局面，存在"向一边集中"的趋势，即超大城市、特大城市、大城市集中，小城市和城镇不够集中。

第二，西部地区城市群整体城市数量少，城市体系结构层次性不明显，有些城市群出现了城市断层。城市体系等级鲜明，体现了经济与政治管理的高度一致性。

第三，城市群城市体系的层次性与规模性呈正相关关系。城市群规模越大，即城市数量越多，城市群城市等级结构的层次性越明显。例如，成渝城市群，其发育程度较好，城市数量越多，其等级结构的层次性就越明显；而西部地区的其他城市群，尤其是南北钦防城市群、滇中城市群、呼包鄂城市群，城市数量少，城市规模小，城市等级结构层次性不明显。

2. 经济发展现状

2021年，西部地区各城市群已经成为其所在地区经济发展的核心区域，从其GDP占所在省份的比重来看，成渝城市群、关中城市群、滇中城市群、呼包鄂城市群和黔中城市群GDP均占所在省份GDP的50%以上，其他城市群对所在省份经济的贡献率也均超过了30%，整体来讲西部地区城市群对所在省份的GDP总量有较大的贡献（见图4-4）。

虽然西部地区城市群在所在省份的经济发展中起到了支柱作用，但城市群内部城市间的发展差距较大，现从西部地区城市群内部城市间的经济水平差距角度来说明经济发展差距特征及总体特征。城市发展水平选取全市人均GDP、人均社会消费品零售额、人均地方公共财政收入三个指标来衡量，进而对城市间差距的总体特征进行定量分析。用变异系数表示城市群之间变量的离散程度，可以反映城市群内各城市之间某变量变异的相对程度，计算公式为：

$$V_{\partial} = \partial / \overline{X} \tag{4-1}$$

式中：V_{∂} 为变异系数，∂ 为样本标准差，$\overline{X}$ 为样本平均值。

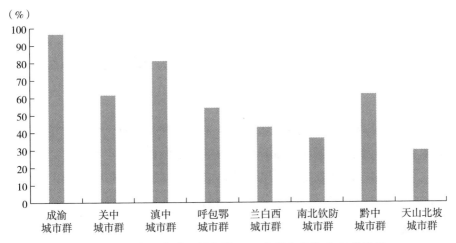

图 4-4　2021 年西部地区城市群 GDP 占所在省份 GDP 的比重

从发展水平指标值的总体差距特征来看(见表 4-5),兰白西城市群、滇中城市群、关中城市群、黔中城市群内各城市间的差距系数较大,说明这四个城市群内部中心城市与其周边中小城市间的经济发展水平差距较大,在西部地区城市群中其差距特征最明显,成渝城市群、南北钦防城市群、天山北坡城市群的城市经济发展水平差距相对较小。从理论上讲,城市群内部城市间的发展差距过大不利于城市群的协调发展。中心城市经济发展水平过高会导致要素和生产活动从周边地区源源不断向中心城市聚集,进而剥夺周边城市的发展机会,使中心城市和周边城市的经济发展差距进一步扩大。

表 4-5　2021 年西部地区城市群内各城市间主要经济指标的差距特征

城市群	变异系数 $V_a(1)$	变异系数 $V_a(2)$	变异系数 $V_a(3)$
成渝城市群	0.27	0.46	0.53
关中城市群	0.32	0.71	0.77
滇中城市群	0.41	0.63	0.68
呼包鄂城市群	0.38	0.10	0.72
兰白西城市群	0.42	0.73	0.70
南北钦防城市群	0.21	0.39	0.32
黔中城市群	0.74	0.71	0.73
天山北坡城市群	0.36	0.10	0.54

第二节　西部地区城市群协调发展评价

本节重点梳理西部地区城市群协调发展的评价思路，然后构建评价指标体系，系统地定量评价西部地区八个城市群的协调发展状态，结合西部地区城市群协调发展机制，进一步找出阻碍西部地区城市群协调发展的关键问题，确定西部地区城市群协调发展的调整方向。本书主要针对西部地区城市群协调发展现状进行评价，但不是针对城市群发展状态，而是对发展过程中的一些重要方面加以注意。

一、西部地区城市群协调发展的评价思路

(一)西部地区城市群协调发展评价标准及对象

评价标准的选择取决于评价的目的。本书参照西部地区城市群协调发展的评价标准研究了在城市群协调发展中总量扩张和结构优化两个方面的问题。在对西部地区八个城市群的协调发展程度进行评价时，基于实际中的最优值为可信的最优值这一思想，将西部地区八个城市群在某一时间截面上的实质自由水平最高值作为总量最协调的标准。在评价城市群内部城市实质自由水平结构差距时，评价标准基于系统协调度中子系统间差距最小即为系统最协调的思想，将城市群内部城市间实质自由水平结构差距为零作为结构最协调的标准。

(二)西部地区城市群协调发展评价内容

对西部地区城市群协调发展的评价主要考虑两个方面：第一，城市群内部城市能够提供给居民的整体实质自由总量水平；第二，城市群内部各城市供给其内部居民的实质自由总量水平的结构性差距。在判断城市群内部社会人员的实质自由能否扩展时，可以从两大类指标入手，即收入的增长和可行能力的提高，又称收入及可行能力。

(三)西部地区城市群协调发展评价流程

西部地区城市群协调发展评价流程，如图4-5所示。

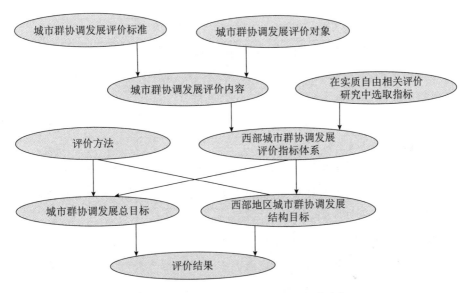

图4-5 西部地区城市群协调发展评价流程

二、评价指标体系的构建

西部地区城市群协调发展评价指标体系是把能够直接或间接反映西部地区城市群协调发展目标、内容等不同属性特征的单项指标按照相关性原则、分级原则组成一个集合，这些指标集合能够反映西部地区城市群协调发展的目标和内容。本书构建的城市群协调发展评价指标体系是在自由水平评价研究的基础上进行改进和深入，具体从城市社会人员的人均实际收入和人均公共性功能性活动集合两部分展开。

指标体系的构建坚持以人为本、生态文明、传承文化的指导思想，根据数据全面性、可获得性、可比性、综合性等基本原则，选取了22项指标，这些指标主要为反映城市群内部社会人员在基础设施、公共环境、教育、医疗、收入等方面情况的公共性、功能性活动集合指标和实际收入指标(见表4-6)。

表4-6 西部地区城市群协调发展评价指标体系

	变量	指标含义	单位
人均	X_1	人均社会消费品零售额	元
实际	X_2	职工平均工资	元
收入	X_3	人均城乡居民储蓄存款余额	元
人均公共性、功能性活动集合	X_4	全市人均GDP	元
	X_5	人均地方公共财政收入	元
	X_6	失业率	%
	X_7	人均蔬菜占有量	千克
	X_8	人均肉类占有量	千克
	X_9	人均房地产开发完成投资额	元
	X_{10}	人均固定资产投资额	元
	X_{11}	地方公共财政支出占GDP的比重	%
	X_{12}	人均地方公共财政支出	元
	X_{13}	人均地方教育支出	元
	X_{14}	人均地方科学技术支出	元
	X_{15}	每万名中小学生拥有教师数	人
	X_{16}	每万人拥有医院数	家
	X_{17}	每万人拥有医院床位数	张
	X_{18}	每万人拥有医生数	人
	X_{19}	人均公共绿地面积	平方米
	X_{20}	城镇生活污水处理率	%
	X_{21}	生活垃圾无害化处理率	%
	X_{22}	建成区绿化覆盖率	%

三、评价方法的选取

西部地区城市群协调发展总量评价采用因子分析法。因子分析法是将具有错综复杂关系的变量(或样本)综合为少数几个变量,不仅可以再现原始变量与因子之间的相互关系,还可以根据不同因子类型对变量进行分类，属于多元统计中处理降维问题的一种方法。

(一)因子分析法的基本思想

因子分析法实际上是一种对复杂数据进行降维的方法。其基本思想：将原本复杂且具有一定相关性的指标 x_1，x_2，$\cdots$，x_n，通过降维处理重新组合为一组较简单的互不关联的综合指标 F_m，并且能最大程度地反映原始变量 X_n 所代表的绝大多数信息。该方法的优点在于使用特征向量的方差贡献率来表示变量的重要程度，这样做一方面避免了对权重的主观判断，另一方面减少了信息的重叠性，简化了分析过程。

假设现有一个样本容量为 n 的 p 个变量，F_m 为原变量通过线性组合形成的且具有正交特征的一组新的综合指标，即公因子，则 F_1，F_2，$\cdots$，F_m 分别作为原变量的第1、第2、$\cdots$、第 m 个公因子，可以用以下多项式来表示：

$$F_1 = a_{11}X_1 + a_{12}X_2 + \cdots + a_{1p}X_p$$
$$F_2 = a_{21}X_1 + a_{22}X_2 + \cdots + a_{2p}X_p$$
$$\vdots$$
$$F_m = a_{m1}X_1 + a_{m2}X_2 + \cdots + a_{mp}X_p \tag{4-2}$$

式中：$m < p$，$a_{ij}(i=1,2,\cdots,m;j=1,2,\cdots,p)$ 为原变量，$X_j(j=1,2,\cdots,p)$ 为在各公因子 $F_i(i=1,2,\cdots,m)$ 上的载荷值，且 F_1，F_2，$\cdots$，F_m 在总方差中所占的比例呈现依次递减的变化规律。

(二)因子分析法的基本步骤

1. 计算样品数据的协方差矩阵

计算样品数据的协方差矩阵公式如下：

$$\sum_{i=1}^{n} = (S_{ij})p \times p \tag{4-3}$$

其中，

$$S_{ij} = \frac{1}{n-1}\sum_{k=1}^{n}(x_{kj}-\overline{x_i})(x_{kj}-\overline{x_j}), \quad (i,j=1,2,\cdots,p)$$

2. 计算 $\sum$ 的特征值及相应的公因子权重

计算 $\sum$ 的特征值 λ_i 及相应的公因子权重 ω_i，公式如下：

$$\omega_i = \lambda_i / \sum_{i=1}^{m}\lambda_i \tag{4-4}$$

式中：λ_i 为第 i 个因子的特征值，即公因子对应的方差，$\lambda_1 \geqslant \lambda_2 \geqslant \cdots \geqslant \lambda_n > 0$，则主成分 F_i 为：

$$F_i = \sum a_i \times y_j \qquad (4-5)$$

式中：y_j 为第 j 个指标无量纲化后的标准值；单位特征向量 a_i 为原变量在公因子 F_i 上的载荷系数。在实际应用时，由于原始变量的单位不同，不宜直接采用，因此需先对原始数据进行无量纲化处理。

3. 选择公因子

在分析过程中选择公因子，可根据累计方差贡献率 $L(m)$ 来确定，即 F_1，F_2，$\cdots$，F_m 中各因子的贡献率除以众多因子的累计贡献率，具体公式如下：

$$L(m) = \sum_{i=1}^{m} \lambda_i \Big/ \sum_{k=1}^{p} \lambda_k \qquad (4-6)$$

当累计方差贡献率大于85%时，可抽取前 m 个公因子来反映原变量的信息，进行因子分析。

4. 计算公因子综合得分

计算公因子的综合得分公式如下：

$$F = \sum_{j=1}^{m} \omega_i \times F_i \qquad (4-7)$$

(三) 西部地区城市群协调发展评价结果分析

一般来说，评价指标之间由于各自单位及数量级不同，需要对各评价指标做无量纲化处理，具体公式如下：

$$X_{ij}' = \frac{X_{ij} - \overline{X_j}}{S_j} \qquad (4-8)$$

式中：$\overline{X_j}$、S_j 分别为指标 X_{ij} 的样本平均值和样本标准差。无量纲化后各指标的平均值为0，标准差为1，从而消除量纲和数量级的影响。逆指标正向化：对逆指标分别取倒数，使之正向化，再对数据进行标准化处理。

本书以西部地区八个城市群为研究对象，根据构建的西部地区城市群协调发展评价指标体系，采用2021年统计数据进行定量和定性分析。数据来源为2022年《中国城市统计年鉴》和各省份统计年鉴，以及2021年各地区国民经济和社会发展统计公报。

1. 西部地区城市群协调发展总量评价结果

（1）KMO 检验和 Bartlett 球形检验。利用 SPSS 17.0 软件对标准化后的数据进行 KMO 检验和 Bartlett 球形检验，结果如表 4-7 所示。

表 4-7　西部地区城市群协调发展水平 KMO 检验和 Bartlett 球形检验

检验类型		结果
KMO		0.715
Bartlett 球形检验	近似 χ^2	539.662
	df	28
	p	0.000

从表 4-7 中可以看出，KMO 值为 0.715，大于 0.5，表明所选指标相关性较强，进行因子分析效果会较好；Bartlett 球形检验的 p 值为 0.000，小于 0.05，表明各指标之间不独立，适合做因子分析。

（2）确定主因子。计算各变量的方差贡献率及累计方差贡献率，结果如表 4-8 所示。

表 4-8　累计方差贡献率

成分	初始特征值			旋转平方和载入		
	合计	方差贡献率（%）	累计方差贡献率（%）	合计	方差贡献率（%）	累计方差贡献率（%）
1	6.245	28.385	28.385	5.228	23.765	23.765
2	4.974	22.611	50.996	4.367	19.852	43.617
3	4.020	18.274	69.270	3.743	17.012	60.629
4	2.735	12.434	81.704	3.326	15.117	75.746
5	2.241	10.184	91.888	2.520	11.454	87.201
6	1.216	5.529	97.417	2.248	10.217	97.417

从表 4-8 看出，提取 6 个因子后，累计方差贡献率达到了 97.417%，即这 6 个因子能很好地解释原始变量所含信息的 97.417%，对原始信息的提取比较充分。

（3）因子旋转及解释。本书为利于解释所提取因子的经济含义，采用方差最大正交旋转法对因子进行旋转，旋转后的因子载荷矩阵如表4-9所示。

表4-9　旋转后因子载荷矩阵

指标	1	2	3	4	5	6
X_1	0.061	0.055	0.971	0.082	-0.013	0.177
X_2	-0.233	0.063	-0.203	-0.155	0.819	0.316
X_3	-0.132	-0.048	0.062	-0.975	0.126	-0.078
X_4	0.315	0.285	0.835	0.129	-0.265	0.174
X_5	-0.011	0.986	-0.028	0.128	-0.021	-0.097
X_6	0.488	-0.704	0.078	0.011	0.470	-0.104
X_7	-0.478	-0.109	0.359	0.590	0.259	0.422
X_8	0.098	-0.255	0.181	0.252	0.141	0.876
X_9	-0.079	0.876	0.318	-0.259	0.160	-0.099
X_{10}	0.249	0.768	0.073	0.031	-0.145	0.514
X_{11}	0.193	0.956	-0.144	0.003	0.067	-0.069
X_{12}	0.858	0.129	0.397	0.028	-0.167	0.171
X_{13}	0.965	0.174	0.006	-0.104	-0.054	0.007
X_{14}	0.893	-0.221	0.093	0.194	0.229	-0.196
X_{15}	0.078	-0.012	0.752	-0.613	0.036	-0.117
X_{16}	0.857	-0.183	-0.418	-0.123	-0.176	0.106
X_{17}	0.011	0.009	0.064	0.130	0.965	-0.197
X_{18}	0.414	-0.258	0.846	0.087	0.128	-0.084
X_{19}	0.887	0.232	0.334	0.161	-0.069	-0.003
X_{20}	-0.148	0.392	-0.002	0.455	-0.421	0.658
X_{21}	0.012	0.215	-0.066	0.489	0.377	0.483
X_{22}	0.155	-0.100	0.138	0.946	0.126	0.177

根据西部地区城市群各原始指标作用在每个主因子上的载荷，结合各原始数据的客观情况及所反映的事实，对各主因子进行分析解释。

公因子 1 与原始变量 X_4(全市人均 GDP)、X_5(人均地方公共财政收入)、X_6(失业率)、X_{10}(人均固定资产投资额)、X_{12}(人均地方公共财政支出)、X_{13}(人均地方教育支出)、X_{14}(人均地方科学技术支出)存在相关关系，这些指标大都能够反映这一地区的经济发展水平。本书认为经济发展水平的高低在某种程度上能够反映这一地区为人们提供经济机会的多少，经验表明，经济发展水平高的城市是大多数创业者或就业者较好的选择，因为他们认为在这些城市能够有更多的经济机会，所以本书将这个因子命名为经济机会因子。

公因子 2 与 X_1(人均社会消费品零售额)、X_9(人均房地产开发完成投资额)、X_2(职工平均工资)、X_3(人均城乡居民储蓄存款余额)存在相关关系，这一组指标反映了居民日常的收入支出水平，本书命名为收支水平因子。

公因子 3 与 X_7(人均蔬菜占有量)、X_8(人均肉类占有量)正相关系数较大，这一组指标反映了社会人员在食品方面的可行能力，所以本书将这个因子命名为食品消费因子。

公因子 4 与 X_{11}(地方公共财政支出占 GDP 的比例)、X_{15}(每万名中小学生拥有教师数)这两个指标存在相关关系，地方财政的一般支出包括教育支出，教育支出能够反映这一地区教育投入及教育条件，所以本书将这个因子命名为教育条件因子。

公因子 5 与 X_{16}(每万人拥有医院数)、X_{17}(每万人拥有医院床位数)、X_{18}(每万人拥有医生数)相关系数较大，反映了社会人员就医选择可行能力，所以本书将这个因子命名为医疗条件因子。

公因子 6 与 X_{19}(人均公共绿地面积)、X_{20}(城镇生活污水处理率)、X_{21}(生活垃圾无害化处理率)、X_{22}(建成区绿化覆盖率)存在相关关系，这组指标反映城市居民的居住环境，所以本书将这个因子命名为居住环境因子。

(4)因子得分及样本得分。

根据因子得分及因子方差贡献率，计算各个样本的因子综合得分，计算公式如下：

$$F = (23.765F_1 + 19.852F_2 + 17.012F_3 + 15.117F_4 + 11.455F_5 + 10.217F_6)/97.417$$

$$(4-9)$$

式中：$F_i(i=1, 2, 3, 4, 5, 6)$ 为第 i 个公因子的得分，西部地区各城市群实质自由总量水平的计算结果如表 4-10 所示。

表4-10　西部地区各城市群实质自由总量水平

西部地区城市群	实质自由水平
成渝城市群	0.03
关中城市群	−0.39
滇中城市群	−0.05
呼包鄂城市群	0.61
兰白西城市群	−0.45
南北钦防城市群	−0.49
黔中城市群	0.24
天山北坡城市群	0.50

2. 西部地区城市群协调发展结构评价结果

在掌握西部地区城市群内部各城市实质自由水平的基础上，采取基尼系数来考察城市群内部各城市间实质自由水平的差距，计算公式如下：

$$G = \Big[\sum_{i=1}^{n} \sum_{j=1}^{n} |y_j - y_i| / n(n-1) \Big] / 2\mu \qquad (4-10)$$

式中：$y_i(i=1, 2, \cdots, n)$ 为第 i 个地区的人均实质自由（水平），μ 为城市群平均人均实质自由（水平），n 为城市群内城市个数，G 为基尼系数。计算西部地区城市群内部各城市间实质自由水平的差距，结果如表4-11所示。

表4-11　各城市群内城市间实质自由水平差距

西部地区城市群	实质自由水平差距
成渝城市群	0.00375
关中城市群	0.04875
滇中城市群	0.00625
呼包鄂城市群	0.07625
兰白西城市群	0.05625
南北钦防城市群	0.06125
黔中城市群	0.03000
天山北坡城市群	0.06250

3. 西部地区城市群协调发展度

根据西部地区城市群协调发展评价思路，对上述两方面的评价结果进行综合，可以得到西部地区城市群协调发展度的评价结果。

城市群协调发展度 = 总量水平×50% + 结构差距程度×50%　（4-11）

在式(4-11)中赋予的权重为50%，可以认为总量水平和结构差距对西部地区城市群协调发展有同等重要的影响。在计算之前，需要将计算出来的总量水平和结构差距程度得分值进行标准化处理，以保证计算出的城市群协调发展度在0~1。

根据目前城市群协调发展的研究进展及经验，本书将城市群协调发展状态分为以下七种情形，如表4-12所示。

表4-12　城市群协调发展等级与协调发展状态衡量标准

等级	协调发展度	协调发展状态
I	0.8~1	优质协调
II	0.7~0.8	良好协调
III	0.6~0.7	中度协调
IV	0.5~0.6	勉强协调
V	0.4~0.5	一般失调
VI	0.3~0.4	中度失调
VII	0~0.3	严重失调

根据协调发展度的计算公式，对西部地区城市群实质自由水平和结构差距程度得分值进行处理，计算得出西部地区城市群的协调发展度和协调发展状态，如表4-13所示。

表4-13　西部地区城市群的协调发展度和协调发展状态

城市群	协调发展度	协调发展状态
成渝城市群	0.225	严重失调
关中城市群	0.495	一般失调
滇中城市群	0.312	中度失调
呼包鄂城市群	0.505	勉强协调

城市群	协调发展度	协调发展状态
兰白西城市群	0.533	勉强协调
南北钦防城市群	0.398	中度失调
黔中城市群	0.483	一般失调
天山北坡城市群	0.416	一般失调

以上应用多元统计模型对城市群协调发展进行了定量分析，从城市群实质自由总量水平和结构差距程度两个方面考察了西部地区城市群的协调发展状态，结果显示，西部地区城市发展水平不一，大多数城市群协调发展度较低，其中呼包鄂城市群和兰白西城市群的发展为勉强协调；关中城市群、黔中城市群和天山北坡城市群的发展为一般失调；南北钦防城市群和滇中城市群的发展为中度失调；成渝城市群的发展为严重失调。从结构上看，总体差距最大的是成渝城市群，最小的是兰白西城市群。

第三节　西部地区城市群协调发展评价结果

通过对西部地区八个城市群协调发展现状进行评价，分析影响西部地区各城市群协调发展的主要因子，结合城市群协调发展的内在机制，进一步找出阻碍西部地区城市群协调发展的关键问题。

一、西部地区城市群协调发展评价结果的因子分解

对城市群内部城市间的发展差距进行因子分解，得出对总差距贡献率比较大的因子，从而分析引起差距的原因。其公式表示：

$$G = (\mu_1/\mu) G_1^* + L + (\mu_k/\mu) G_k^* \tag{4-12}$$

式中：L 为协调发展程度，k 为第 k 个实质自由因子（因分子分析得出），μ 为城市群实质自由水平，μ_k 为来自第 k 个实质自由因子的平均值（这个城市群内所有城市这个因子的平均值），G_k 为第 k 个实质自由因子的虚拟基尼系数。

将城市群内各城市的实质自由得分值进行排序，使 $y_1 \leqslant y_2 \leqslant \cdots \leqslant y_n$，则

$$G_k^* = [\,\mathrm{cov}(y_k,\ F(y)\,)\,]\,/\,[\,\mathrm{cov}(y_k,\ F(y_k)\,)\,] \times [\,2\mathrm{cov}(y_k,\ F(y_k)\,)\,/\mu\,]$$

$$(4-13)$$

式中：$\mathrm{cov}(y_k,\ F(y)\,)$ 为第 k 个因子的得分值与实质自由得分排序的相关系数，$\mathrm{cov}(y_k,\ F(y_k)\,)$ 为第 k 个因子得分排序的相关系数，μ 为城市群实质自由水平。根据西部地区各城市群实质自由水平差距的因子分解结果，发现以下几个因子对西部地区各城市群实质自由水平差距的影响都较大：第一，经济机会因子和收支水平因子对城市间实质自由水平差距的影响较大；第二，教育条件因子和医疗条件因子对城市间实质自由水平差距的影响较大；第三，居住环境因子对城市间实质自由结构差距的影响较大。

二、西部地区城市群协调发展存在的问题及其影响因素

（一）西部地区城市群协调发展存在的问题

1. 西部地区城市群协调发展的实质自由总量评价问题

从西部地区各城市群及内部城市实质自由总量的评价结果来看，相对而言，西部地区只有成渝城市群和关中城市群的城市密度和经济联系更为密切。这些城市群内部的社会人员同时享受着城市化带来的可行能力的扩展。

这样的评价结果主要源于本书构建的评价体系的侧重点与现有的城市群研究不同，没有选用总量指标进行评价排序，而是为了突出个人发展尽量选取人均值来考察城市群整体实质自由水平，这种取均值的方法导致发育程度较好的成渝城市群和关中城市群在最终评价上反而不如发育程度一般，但人口密度小的城市群。这样的评价结果说明了总量发展中存在的问题：我国西部地区地域广阔，大量人口不断向城市群内部各城市聚集，但随着城市群的经济增长，城市群内部社会成员并未享受到经济增长带来的福祉，因此西部地区城市群在协调发展过程中需要注意发展的侧重点。

2. 西部地区城市群各城市的实质自由水平差距问题

总的来说，西部地区城市群内部各城市的实质自由水平基本表现出中

心城市高、边缘城市低，地级城市高、县级城市低的特征。针对西部地区各个城市群实质自由水平差距的因子分解结果，发现以下几个因子对西部地区各城市群实质自由水平差距的影响较大。

（1）经济机会因子和收支水平因子对城市间实质自由水平差距的影响较大，西部地区各城市群内部城市间的人均收支水平和人均经济机会相差太大。

（2）教育条件因子和医疗条件因子对城市间实质自由水平差距的影响较大。西部地区城市群内部人口高度集聚于中心城市，随着城市化进程的加快，外来务工人员增多，本地的教育和医疗需求增大，城市间的人均医疗条件差距造成了人均实质自由水平差距。

（3）居住环境因子对实质自由结构差距的影响较大。随着西部地区城市化进程的加快，西部地区各城市群内部大中小城市间的环境污染治理和人均居住环境的差距逐渐增大。

（二）影响西部地区城市群协调发展的重要因素

西部地区城市群协调发展程度低的表现：第一，城市群公共服务供给水平低；第二，城市群内部各城市的公共服务供给水平差距大。

影响城市群内部实际收入增长及分布的主要因素是城市间的产业梯度转移、城市群内部的要素流动和城市间的税收竞争。城市间的产业梯度转移必然带来产业升级，进而促进城市群整体经济增长，但由于产业间的利润率差别较大，且产业是地方财政收入的主要来源，因而城市群内部各城市并不都愿意发展高获益产业，不同城市间可能会产生地方保护，引发各种"要素大战"；城市间的税收竞争会减少社会人员的实际收入。

影响城市群内部人均公共性功能性活动集合扩展及分布的主要因素是地方政府发展偏好，地方政府提供公共服务的效率和城市间税收竞争：地方政府发展偏好如果更倾向提供教育、住房、卫生等基本公共服务，而不是倾向加大发展性财政支出，那么就会扩展城市群整体的人均公共性、功能性活动集合。城市政府提供公共服务的效率越高，城市群整体的人均公共性、功能性活动集合扩展越多。城市间税收影响着每个城市所能提供的公共性、功能性活动集合的大小。关于城市群协调发展的内在机制的研究明确指出，中心城市与边缘城市间的税收差距会先增大后缩小，因此每个城市人均公共性、功能性活动集合间的差距也会先增大后缩小。

城市群内部公共性、功能性活动集合扩展及分布问题较为独立，而城市群内部实际收入增长及分布问题虽然独立，但是其影响因素较多，因此要将该问题进一步分为三个不同的问题进行分析，即城市群内部生产要素的流动性、城市群内部的空间结构和城市群内部的知识溢出。

第四节　西部地区城市群协调发展未来的调整方向

本节将对影响西部地区城市群协调发展的重要问题，即城市群内部生产要素的流动性、城市群内部的空间结构和城市群内部的知识溢出，以及城市群内部公共服务水平的提高和空间差异等，分别进行分析。

一、西部地区城市群内部生产要素流动性的调整方向

随着经济的发展，西部地区城市群内部城市与城市之间的经济联系必然加强，如果所有城市在竞争与合作的过程中均能有效地吸收外部要素，并把对外部要素的吸收与本城市要素的培育结合起来，以完善本城市的要素结构，促进产业空间分布合理化，推动产业结构的高级化，在这种情况下，必然会促进城市群协调发展，使城市群的总体效率超过各城市效率之和。

分析表明，西部地区城市群内部生产要素的流动性越强，城市间的贸易自由度越大。城市群内部经济活动的空间聚集，各内部生产要素能在整个城市群范围内达到优化配置，对城市群总体经济增长率有促进作用。以下为西部地区城市群内部生产要素流动性调整方向的实现思路。

一是进一步深化市场改革，增强城市群内部产品市场上形成价格的机制、提高市场决定价格的比例，降低城市间的贸易保护程度，削弱对进入本城市的外地产品的障碍。

二是加快城市群内部要素市场的市场化进程，增加城市间金融业的市场竞争，促进信贷资金分配市场化，大力引进外商直接投资，促进城市间

劳动力流动，提高技术成果的市场化程度。

三是提升城市群内部法律制度环境的发育程度，促进城市群内部市场中介组织的发育，保护生产者的合法权益和知识产权，保护消费者权益。

四是提升城市群内部交通运输、仓储及通信业的人均增加值，提高西部地区八个城市群内部的基础设施水平。

二、西部地区城市群内部空间结构的调整方向

根据分析结果，为了促进西部地区城市群中心城市向边缘城市的知识溢出，西部地区城市群的空间结构不能出现断层，从分形视角分别分析西部地区城市群空间结构分形维数的调整方向。大量研究表明，当城市群帕累托指数 $\alpha = 1$ 时，城市群内部规模等级结构是最优分形的表现；当城市群帕累托指数接近 1 时，城市群系统形态良好。实证研究表明，发达国家的城市帕累托指数多趋近于 1，或围绕 1 上下波动，且世界范围内的帕累托指数也近似为 1，所以西部地区城市群内部帕累托指数的调整方向为向 1 逼近。

三、西部地区城市群内部知识溢出的调整方向

知识生产的规模收益递增特征促使城市知识创新产生马太效应，导致西部地区城市群内部边缘城市的学习机会及学习利益容易被忽略，强化了西部地区城市群内部的学习分层排斥现象，拉大了城市间的发展差距。此外，城市群的协调发展必须缩小城市间知识生产和分配的差异，防止信息时代的数字鸿沟进一步加大，以维护城市群发展公正。本部分利用本地溢出模型的变形系数分析产业集聚、公共知识溢出和区域发展差距，公式如下：

$$D = \frac{\rho(s_k - 1/2)}{L^\omega[s_n + \lambda(1-s_n)] + \rho} \tag{4-14}$$

式中：D 为城市群内部城市间发展差距；s_k 为中心城市资源禀赋占整个城市群资源禀赋的份额；L^ω 为城市群内部所有的劳动力禀赋；s_n 为中心城市企业数量占整个城市群企业数量的份额；ρ 为资本未来收益的折现率

（$\rho>0$）；λ 为公共知识在城市间空间溢出的难易程度。假设城市间的知识溢出仅限于公共知识，$\lambda \in [0, 1]$，λ 越小则表示城市间知识溢出的障碍越大。由上述研究结论可知，城市间发展差距随着城市间公共知识溢出强度的提高而缩小，随着城市间资本存量差距的扩大而扩大。

因此，为了促进西部地区城市群协调发展，需要在西部地区各城市群内部引入知识区域管理，提高城市群内部城市间的知识溢出强度和城市群内部中心城市向边缘城市的知识溢出强度。

四、西部地区城市群内部公共服务水平提高及空间差异的调整方向

根据西部地区城市群协调发展的内涵界定和评价结果，为了促进西部地区城市群协调发展，必须不断提高各城市群公共服务水平，并不断缩小各城市群内部城市间公共服务水平的差距。特别是在教育水平、医疗服务水平、居住环境等方面，需要在未来的发展中重点关注。

第五节　本章小结

在西部地区城市群协调发展研究的基础上，本章首先梳理了西部地区城市群协调发展的评价思路，构建了评价指标体系；其次结合多元统计方法对西部地区八个城市群的协调发展状态进行了定性和定量评价，发现西部地区城市群的协调发展水平不一，大多数城市群的协调发展程度较低，只有呼包鄂城市群和兰白西城市群的发展勉强协调，南北钦防城市群、滇中城市群的发展中度失调，天山北坡城市群、关中城市群、黔中城市群的发展一般失调；再次结合城市群协调发展的内在机制，找出了阻碍西部地区城市群协调发展的四个关键问题，即城市群内部人均公共性功能性活动集合拓展及分布、城市群内部生产要素的流动性、城市群内部的空间结构和城市群内部的知识溢出；最后根据城市群协调发展的目标，确定了西部地区城市群协调发展的调整方向。

第五章

基于 DEA 模型的西部地区文化产业集群差异化评价

近年来，西部地区的文化产业实现了快速发展，从发展的总体态势上看，东、中、西部地区发展仍存在不平衡等问题。面对文化产业发展滞后的被动局面，寻找一条能够带领西部地区文化产业实现跨越式发展的道路，已经成为西部地区必须共同面对的重要任务。总结以往经验可知，文化产业发展方式较为粗放，缺少文化资源向文化产业转化的有效媒介，是导致西部地区文化产业滞后的重要原因。

扩大内需，改善民生，提升生活质量已经成为中国经济政策的重要内容。现在，我国居民文化消费支出仍然远低于发达国家和地区，扩大内需特别是扩大消费需求方面的政策导向，无疑为今后宏观经济政策环境朝有利于文化产业持续、快速发展的方向转变提供了理论支持。我国西部地区有着极为丰富的历史文化资源，具有风格各异的文化形态，居民文化消费的充分释放将为这些地区文化产业的跨越式发展开拓出巨大的市场空间。

第一节　中国西部文化体系的内涵

中国西部地区包括四川、重庆、云南、广西、贵州、西藏、陕西、甘肃、宁夏、青海、新疆和内蒙古 12 省（区、市）。土地面积为 538 万平方千米，占全国国土面积的 56%。目前总人口约为 3.83 亿，占全国人口总数的 27%。西部地区疆域辽阔、人口稀少，是我国少数民族聚集的地区，在悠久的历史变迁中孕育了灿烂的民族文化，成为中华文化的重要组成部分。

从西汉起，西部就已进入中华历史的视野，到唐代，西部的概念进一步扩大至青藏高原、云贵高原、西域、北方草原，以及沿丝绸之路越过帕米尔高原。汉唐两朝的多位公主远嫁乌孙、吐谷浑、突厥、契丹、回纥、南诏等地和亲，使神奇的西部文化与厚重的中原文化更加水乳交融。

多民族是西部地区的一个突出特点，在我国已认定的 55 个少数民族中，近 50 个民族世居在西部地区。除了五个自治区，其他省份也都存在许多民族自治区域。例如，云南省有 25 个世居少数民族，其中有十多个民族是云南省特有的，不同的民族有不同的民俗和文化，这一特点造就了多姿多彩、灿若星河的民族文化，成为西部地区发展文化产业的坚实基础。

中国西部地区独特的历史背景、自然风光和民族文化，构成了别具一格的西部文化。从地貌形态、自然环境和民族文化的特性着眼，中国西部地区可以划分为多个具有鲜明文化和地域特色的文化区域（见图 5-1），即以黄河流域为中心的黄土高原文化区，西北地区的伊斯兰文化区，北方的草原文化区，西域文化区，以青藏高原为主体的藏文化区，将长江三峡地区和四川盆地连为一体的巴蜀文化区，云贵高原及向东延伸的滇黔文化区。这些文化区域具有各自相对明显的个性或风格。这种多样性的文化形态与各个民族的生活方式、观念、习俗、宗教、艺术及历史、生存环境紧密相连，是一种广义的文化集合体。

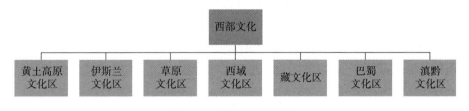

图 5-1　西部文化的构成

历史和地理的原因使西部相对封闭，正是这种封闭保存了西部文化原生态的特点，并与西部地区的地域广阔、民族多样、历史悠久共同造就了西部文化资源的丰富性。在全球化交往日益频繁的大背景下，西部丰富的文化资源越发显示出其独特的魅力和神秘感，自身蕴含着社会价值、文化价值、美学价值，其中的相当一部分同时也具有经济价值。但是，西部文化资源要真正形成产品，有效进入市场，还需要对其进行产业化开发的可行性评估。由于各地文化资源的具体内涵千差万别，外部环境也有差异，加之地区间经济、文化发展不平衡，西部文化资源的产业化整合、开发的基础、途径和前景各不相同。所以，要使自身文化资源发挥出潜在的市场效应和经济效益，就需要对文化资源进行整合分类和品质评定，对产品市场及预期效益回报进行评估，根据其产业化开发的基础条件进行可行性分析。

中国西部各个民族、各个地区之间的文化资源具有很大的差异，也正是因为这些差异才形成了丰富多彩的西部文化特色，其中大致形成了20个独具特色的文化圈，成为中华文化的重要组成部分。这些文化资源在差异性的基础上，同时还具有共性，区域与区域之间有共性，文化圈与文化圈之间有共性，使西部文化在共性视角下有差异化、多样化，在差异化基础上有共性，从文化资源的产业化开发和文化品牌影响力角度，形成了四个已经深入人心的知名文化品牌，即以内蒙古为主的草原文化品牌，以新疆、甘肃、宁夏、陕西、青海为主的丝绸之路文化品牌，以西藏、青海、四川为主的雪域高原文化品牌，以四川、重庆、云南、贵州、广西为主的西南文化品牌。在每个文化品牌下，根据不同文化内涵、产业化开发程度和文化品牌影响力，又细化出13个具有代表性的特色文化圈，如图5-2所示。在草原文化品牌下，具有代表性的有呼伦贝尔文化圈、科尔沁草原文化圈、红山文化圈、鄂尔多斯文化圈；在丝绸之路文化品牌下，有西安古城文化圈、宁夏回族文化圈、甘肃河西走廊文化圈、新疆西域文化圈；在雪域高原文化品牌下，独立划分为藏文化圈；在西南文化品牌下，有茶马古道文化带、长征文化带、桂林山水文化带、巴蜀文化圈。

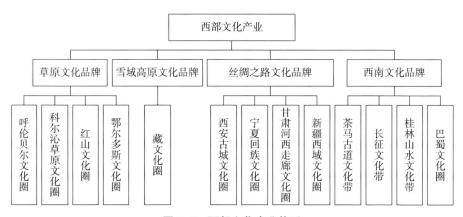

图5-2 西部文化产业体系

西部地区历史文化资源转化为文化产业的过程，实质上是文化产品和服务的生产与再生产过程，其本质是具有一定知识结构和创新能力的人才对文化资源的不断重新认识、挖掘和创新的过程。文化产业的核心价值在于文化创意的生成，通过创意激活文化资源，并对其进行重新组合，转化为文化产品，产生经济效益和社会效益。

第二节 基于 DEA 模型的中国西部 文化产业评估

一、中国西部文化资源评估

西部文化资源蕴含着丰富的社会、文化、美学等价值，其中相当部分同时具有重要的经济价值，是文化市场发展的核心要素。由于不是所有的文化资源都可以转化为文化产品，因此文化资源转化为文化产品，有效进入市场的前提是，文化资源潜在的市场效应和经济效益得到充分发挥，这就需要对其产业化开发进行可行性评估，对产品市场及预期效益回报进行评价。因此，建立文化资源产业化开发的评价指标体系，完善文化资源评估的基本程序，是西部地区整合与开发利用文化资源的基础性工作。

(一) 西部文化资源的内涵及其评估原则

1. 西部文化资源的界定及分类

西部文化资源突出反映了其原生地区的文化特征和西部地区人类历史活动的痕迹，是西部文化产业发展的核心要素，是具有地域风情的资源。

国内关于文化资源的分类有许多不同的做法，文化资源需从资源禀赋和市场潜力两个方面进行客观评价，这是文化产业规划与发展的重要基础。对文化资源的评价确定了文化资源的即时市场价值，为文化资源交易提供了经济核算的依据，也为投资项目的可行性研究与决策提供了科学的依据。

2. 西部文化资源的评价原则

西部文化资源本身具有社会、文化、美学等价值属性，其中大部分资源同时具有经济价值属性。西部文化资源的价值优势要想转化为文化产品进入市场，形成产业优势，就需要对其进行准确的价值评价。

西部文化资源的评价应该遵循规范性与特殊性相结合、现实性与长期性相结合、定量评价与定性评价相结合和无宗教性的原则。

(二) 文化资源评价的指标体系与程序

1. 文化资源评价指标体系

本部分从资源的品质要素、市场要素、效用要素、开发条件要素等方面，根据《旅游资源分类、调查与评价》(GB/T 18972—2003)，参考山西文化资源体系和云南文化资源体系的分类办法，提出了比较适合文化资源评价的指标体系，并以此作为西部文化资源整合的依据。

文化资源评价指标的确定应全面考虑各种影响因素及相关因子，既要考虑文化资源的特性，又要遵循文化产业发展的基本规律。首先，要对所在区域的文化资源进行规范性分类；其次，要对资源品质、开发价值等属性进行评价；再次，要对文化资源所形成的产品进行市场预测，确定开发条件、开发模式和产业规模；最后，要对文化产品的预期经济与社会效益进行评价，以决定资源开发的时序、程度及投资水平。

(1)资源品质评价。西部文化资源自身具有特殊性，不同于其他的产业资源，其内在品质不是通过精细化的指标体系来确定的，评价专家的主观判断在资源的评价过程中具有重要作用。

(2)产品市场评价。文化资源的品质是文化产品品质的基础，对产品市场的评价，需要根据消费市场的要素来加以评判。产品目标市场的消费者构成，消费者心理与消费习惯、爱好，目标市场的需求状况等都是文化产品市场评价的重要指标。

(3)资源效用评价。文化资源产业化后所形成的经济效益、社会效益需要进行综合评判，需要针对不同的评价对象和不同的开发目标确立不同的评价指标。文化资源及产业化后所形成的文化产品既有物质的形态，又有精神的内涵，这种精神层面的效用是资源效用评价的重要指标。

（4）开发条件评价。文化资源的开发利用，产品的研发，资源优势向产业优势的转化，是一个复杂的系统工程。开发条件的评价指标受资源所在地和相关区域许多因子的影响，需要综合考虑。

总之，文化资源评价是一个综合程度很高且复杂的系统工程，既要承认评价指标体系及方法的不完整性、评价者的主观性，又要追求评价方法的科学性和合理性。

2. 文化资源评价的一般程序

文化资源评价的一般程序：文化资源普查、确定资源对象、设立评价指标、给出评分等级、借助模型演算、评估结论处理（见图 5-3）。

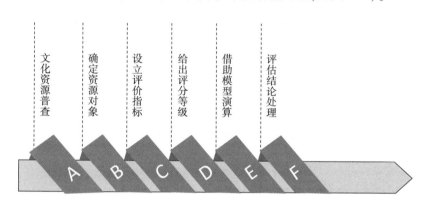

图 5-3　文化资源评价程序

（三）西部文化资源评价方法

西部文化资源评价主要分为两种类别：体验性评价、技术性评价，其中可用于文化资源评价的方法非常多，既有单一方法，也有组合方法。

1. 问卷评价法

问卷评价法是一种适用于评价不可度量的文化资源的方法，一般以文化资源评价指标体系各级量化指标为基础，采取定性和定量相结合的方法进行。

2. 德尔菲法

德尔菲法是一种反馈匿名函询法。这种利用匿名函询进行集体匿名思想交流的方法，有别于其他专家评价方法。

二、DEA 模型概述

数据包络分析(Data Envelopment Analysis,DEA)法是1978年美国著名运筹学家 Charnes 等以相对效率概念为基础发展起来的一种效率评价方法,是研究同类型生产决策单元相对有效性的有力工具。它的基本思想是将每个被评价的单位或部门视为一个决策单元(Decision Making Unit,DMU),由决策单元组(DMUS)构成评价群体。

处于同一评价群体的每个 DMU 确定的主导原则:在某一视角下,各 DMU 具有相同的输入和输出。综合分析输入、输出数据,得出每个 DMU 效率的相对指标,据此将所有 DMU 定级排序,确定相对有效的 DMU,并指出其他 DMU 非有效的原因和程度,给城市物流系统提供管理决策信息。同时,还可用投影方法找出非 DEA 有效或弱 DEA 有效的原因及改进的方向和程度。DEA 方法不需预先估计参数,在避免主观因素、简化运算、减少误差等方面有着不可低估的优越性,比较常见的模型为 C^2R 模型和 BCC 模型。目前,C^2R 模型仍然是应用最为广泛的模型之一。

(一)DEA 模型及其方法分析

1. C^2R 模型

利用 C^2R 模型可以评价创新的规模和技术的有效性。C^2R 模型会对决策单元的规模有效性和技术有效性同时进行评价,即 C^2R 模型中的 DEA 有效决策单元规模适中、技术水平高。

假设有 k 个 DMU,每个 DMU 有 m 种投入和 n 种产出,分别用不同的经济指标表示。x_{ij} 表示第 j 个 DMU 的第 i 种类型的投入总量,$x_{ij}>0$;y_{rj} 表示第 j 个 DMU 对第 r 种输出的产出量,$y_{rj}>0$;v_i 表示第 i 种输入的一种度量,u_r 表示第 r 种输出的一种度量($i=1,2,\cdots,m;j=1,2,\cdots,n;r=1,2,\cdots,s$),其中,$x_{ij}$、$y_{rj}$ 为已知数据,v_i、u_r 为变量。为了方便求解,引入非阿基米德无穷小量 ε,ε 为任意小的正数,通常取 0.00001,利用 Charnes-Cooper 变换,可以得到等价的最终的线性规划问题标准型是:

$$C^2R = \begin{cases} \max h_j = \sum_{r=1}^{s} u_r y_{rj_0} \Big/ \sum_{i=1}^{m} v_i x_{ij_0} \\ \text{s.t.} \ \sum_{r=1}^{s} u_r y_{rj} \Big/ \sum_{i=1}^{m} v_i x_{ij} \leqslant 1 \\ v = (v_1, v_2, \cdots, v_m)^T \geqslant 0 \\ u = (u_1, u_2, \cdots, u_m)^T \geqslant 0 \end{cases} \qquad C^2R = \begin{cases} \min \theta = V_D \\ \text{s.t.} \ \sum_{j=1}^{n} x_j \lambda_j + s^- \leqslant \theta_{x_0} \\ \sum_{j=1}^{n} y_j \lambda_j - s^+ \geqslant \theta y_0 \\ \lambda_j \geqslant 0, s^+ \geqslant 0, s^- \geqslant 0 \\ \theta \ \text{无约束} \end{cases}$$

式中：s^- 为各投入的松弛向量；s^+ 为各产出的松弛向量；θ、$\lambda_j(j=1,\cdots,k)$、s^-、s^+ 为待估参数向量。

2. C^2R 模型的经济学意义

设 C^2R 模型的最优解为 λ^*，s^{-*}，s^{+*}，θ^*。

(1)若 $\theta = 1$，且 $s^{-*} = 0$，$s^{+*} = 0$，则中国西部文化体系的效率为 DEA 有效，即它在原输入的基础上所获得的输出已经得到最优，既是技术有效，又是规模有效。

(2)若 $\theta = 1$，且 $s^{-*} \neq 0$，$s^{+*} \neq 0$，则中国西部文化体系的效率为弱 DEA 有效，即对原输入可以减少 s^{-*} 且保持原输出不变，或在输入不变的情况下将输出增加 s^{+*}。

(3)若 $\theta < 1$，则中国西部文化体系的效率为 DEA 无效。令 $x_0^* = \theta^* x_0 - s^{-*}$，$y_0^* = y_0 + s^{+*}$，$(x_0^*, y_0^*)$ 为 (x_0, y_0) 在有效前沿面上的投影，Δx_0、Δy_0 分别为投入剩余和产出不足，利用式(5-1)可以寻找"中国西部文化"体系的效率不佳的原因及绩效提升的方向。

$$\Delta x_0 = x_0 - x_0^* = (1 - \theta^*) x_0 + s^{-*}$$
$$\Delta y_0 = y_0^* - y_0 = s^{+*}$$
$$(5-1)$$

3. C^2R 模型可用来分析规模收益特征

(1)若存在 λ^*，使 $\lambda^* = 1$，则 j_0 期间为规模收益不变，即相对规模有效，此时决策单元达到最大产出规模点。

(2)若 $\sum_{j=1}^{n} \lambda_j^* < 1$，则 j_0 期间为规模收益递增，即相对规模偏小，且 $\sum_{j=1}^{n} \lambda_j^* < 1$ 的值越小，递增趋势越大，表明决策单元在投入 x_0 的基础上，适当增加投入量，产出量将有更大比例的增加。

（3）若 $\sum\limits_{j=1}^{n} \lambda_j^* > 1$，则 j_0 期间为规模收益递减，即相对规模偏大，且

$\sum\limits_{j=1}^{n} \lambda_j^* > 1$ 的值越大，递减趋势越大，表明决策单元在投入 x_0 的基础上，

增加投入量不可能带来更大比例的产出，此时没有再增加决策单元投入的必要。

（二）基于 DEA 模型的中国西部文化产业体系评价

1. 设计指标体系的目的

中国西部文化产业是在发展西部经济的前提下，根据中国西部12省份共同拥有的丰富的文化资源，着力打造的国际性文化产业。通过对20个文化圈的指标进行分析，根据分析结果，确定中国西部文化产业体系的构成要素。

2. 评价指标体系的确定

根据 DEA 模型及实证分析的目的来选取评价20个文化圈的输入和输出指标。为了更好地实现中国西部文化产业的总体目标，综合考虑后，将第三产业 GDP（亿元）、第三产业人均工资（元）、第三产业就业人数（万人）作为产出指标；将地区文化产业投入数量（个）、固定资产投资（万元）作为投入指标。根据2022年《中国统计年鉴》和《内蒙古统计年鉴》提供的数据资料，列出中国西部文化产业体系，如表5-1所示，文化圈 DEA 效率评价结果如表5-2所示。

表5-1　中国西部文化产业体系

指标 文化圈（带）	第三产业 GDP （亿元）	第三产业 人均工资 （万元）	第三产业 就业人数 （万人）	地区文化产业 投入数量 （个）	固定资产 投资 （亿元）
呼伦贝尔文化圈	659.55	8.290	26.65	40.00	58.200
科尔沁草原文化圈	507.86	8.638	22.40	11.00	10.860
红山文化圈	928.57	8.265	31.24	28.00	239.20
锡林郭勒文化圈	295.00	9.266	21.32	23.00	19.000
阴山文化圈	5872.59	9.586	127.01	74.00	144.000
鄂尔多斯文化圈	1448.84	10.827	30.73	27.00	3.800

续表

指标 文化圈(带)	第三产业 GDP (亿元)	第三产业 人均工资 (万元)	第三产业 就业人数 (万人)	地区文化产业 投入数量 (个)	固定资产 投资 (亿元)
河套文化圈	285.31	9.886	182.00	41.00	116.530
阿拉善文化圈	66.34	5.127	8.14	13.00	26.134
乌兰察布文化圈	378.96	8.265	15.43	10.00	0.550
西安古城文化圈	6794.36	11.557	29.02	152.00	347.415
宁夏回族文化圈	2136.30	11.424	182.00	41.00	155.374
甘肃河西走廊文化圈	5412.00	9.679	501.00	131.00	911.210
新疆西域文化圈	7660.20	11.104	710.00	172.00	783.902
青海考古文化圈	1661.40	11.315	147.00	31.00	243.757
藏文化圈	11158.80	14.158	95.00	24.00	204.203
竹文化圈	9870.80	10.619	793.00	333.00	880.170
巴蜀文化圈	28287.60	11.385	2110.00	1524.00	2290.972
桂林山水文化带	1255.10	8.621	41.08	28.00	146.015
长征文化带	8115.52	10.301	1043.00	390.00	2044.205
茶马古道文化带	8720.12	11.146	1088.00	429.00	2821.078

表5-2　文化圈 DEA 效率评价结果

DMU	综合效率值	投入冗余量			产出不足量	
		第三产业 就业人数 (万人)	地区文化 产业投入 数量 (个)	固定资产 投资 (万元)	第三产业 GDP (亿元)	第三产业 人均工资 (万元)
呼伦贝尔文化圈	0.571	0.000	2.613	0.000	0.000	0.000
科尔沁草原文化圈	0.957	4.783	0.000	7.999	0.000	0.000
红山文化圈	0.565	0.000	0.000	203.141	0.000	0.000
锡林郭勒文化圈	0.775	0.000	3.731	0.000	48.543	0.000
阴山文化圈	0.562	0.000	2.049	0.000	0.000	14.831
鄂尔多斯文化圈	1.000	0.000	0.000	0.000	0.000	0.000
河套文化圈	0.292	118.737	0.000	114.275	575.799	0.000
阿拉善文化圈	1.000	0.000	0.000	0.000	0.000	0.000

DMU	综合效率值	投入冗余量			产出不足量	
		第三产业就业人数（万人）	地区文化产业投入数量（个）	固定资产投资（万元）	第三产业GDP（亿元）	第三产业人均工资（万元）
乌兰察布文化圈	1.000	0.000	0.000	0.000	0.000	0.000
西安古城文化圈	1.000	0.000	0.000	0.000	0.000	0.000
宁夏回族文化圈	0.363	94.224	0.000	67.326	0.000	0.000
甘肃河西走廊文化圈	0.114	58.894	0.000	64.1185	0.000	0.000
新疆西域文化圈	0.164	258.198	0.000	0.000	0.000	18.612
青海考古文化圈	0.466	85.636	0.000	194.6953	0.000	0.000
藏文化圈	1.000	0.000	0.000	0.000	0.000	0.000
竹文化圈	0.168	133.147	0.000	0.000	0.000	89.055
巴蜀文化圈	0.166	0.000	297.399	0.000	0.000	471.2729
桂林山水文化带	0.509	0.000	0.000	101.4392	0.000	0.000
长征文化带	0.070	0.000	65.406	0.000	0.000	28.4809
茶马古道文化带	0.066	0.000	0.000	178.722	0.000	1.888

依据表5-2可知，鄂尔多斯文化圈、阿拉善文化圈、乌兰察布文化圈、西安古城文化圈、藏文化圈的综合效率值等于1，说明这5个文化圈的发展速度较快，具有代表性。

第三节　中国西部文化产业集群化评价

一、内蒙古草原文化带的资源现状及产业潜力评价

（一）内蒙古草原文化的基本内涵及其分布类型

内蒙古自古以来就是北方游牧民族生产生活、创造文明的舞台，历史

上先后有十多个民族在这里繁衍生息，创造了许多光辉灿烂的文化，成为中华文化重要的发祥地之一。

2005 年 7 月 17~20 日，《光明日报》与内蒙古自治区党委宣传部联合发起，内蒙古社会科学院等单位在呼伦贝尔市承办了"中国草原文化高层论坛"，中国社会科学院副院长朱佳木研究员在该论坛中指出，纵观历史长河，中原农业民族与北方游牧民族之间相互依存的关系始终处于主流和主导地位……特别应当指出的是，连接中原地区与中亚地区和地中海地区的"草原之路"，更是远远早于沙漠"丝绸之路"和海上"瓷器之路"，为东方文明与西方文明的发展作出了独特的贡献。从自然层面上看，其生物的多样性、生态景观的丰富性也独具个性。从历史层面上看，这里是历史上许多北方游牧民族的发祥地，是汉民族与北方少数民族的融合地及多种文明的交汇地。在这里，各种文化在传承、变革、相互影响中逐步发展成一种以游牧文明为主要特质的复合型文化，也就是草原文化……草原文化的基本精神是中华民族宝贵的精神财富。

内蒙古东西跨度大，文化的多样性使内蒙古的文化资源成为中华文化的宝贵财富。根据文化特色可划分为八个各具特色的文化圈，即呼伦贝尔文化圈、科尔沁草原文化圈、红山文化圈、锡林郭勒文化圈、阴山文化圈、鄂尔多斯文化圈、河套文化圈、阿拉善文化圈。

(二) 发展内蒙古草原文化产业的基础条件和重点领域

草原文化特色鲜明，底蕴厚重。作为草原文化重要发祥地之一的内蒙古，其文化形象和地位不断提升。草原文化已经成为内蒙古极富生命力的文化产业资源。

1. 发展草原文化产业的基础条件

内蒙古历史悠久、地域辽阔，具有发展草原文化产业得天独厚的自然资源和丰富的人文资源。

第一，用于发展文化产业的自然资源丰富。内蒙古草原东西绵延 2000 多千米，总面积居全国五大草原之首，呼伦贝尔、锡林郭勒、科尔沁等草原闻名遐迩；森林总面积居全国第二位，大兴安岭原始林区被誉为"祖国的绿色宝库"；沙漠总面积占全国的 4/5，我国四大沙地大部分分布在内蒙古自治区。

第二，历史资源、人文资源独具特色。内蒙古自古以来就是我国北方游牧民族活动的舞台，各民族共同创造了与黄河文化、长江文化交相辉映的草原文化，共同构筑了光辉灿烂的中华文化。其中，红山文化、大窑文化、河套文化、夏家店文化、朱开沟文化等享誉国内外；中华第一龙、华夏第一村、草原第一都等文化遗产堪称全国之最；阴山岩画和贺兰山岩画更是世界奇迹。

第三，文化产业发展已具有一定基础。长期以来，内蒙古文化产业持续发展，产业基础不断加强，既培育了一定的人力资源，也形成了一大批富有民族特色的歌舞、音乐、电影、电视剧、曲艺、绘画、杂技等文化精品，如无伴奏合唱震撼了国际乐坛，创造了吉尼斯世界纪录。同时，以文化旅游、文艺演出、艺术教育、出版发行、广播影视、文博会展等为主体的文化产业已粗具规模。

2. 发展草原文化产业的重点领域

根据内蒙古的资源优势、产业发展基础和市场前景，具有内蒙古特色的文化产业主要体现在文化旅游、文艺演出、广播影视传媒、出版发行、文博会展、休闲娱乐六大领域。

第一，文化旅游业居于龙头地位。文化旅游是内蒙古文化产业的龙头，在整个文化产业发展过程中具有重要作用。

第二，文艺演出业是内蒙古文化产业的一张王牌，其强烈的文化特色造就了内蒙古文艺演出业独特的魅力。

第三，广播影视传媒业是内蒙古文化产业中的弱项，受地域及经济因素的影响，但其在文化产业发展中具有独特的地位，随着内蒙古改革开放的深入推进和经济社会的快速发展，其逐渐显现出巨大的发展潜力。

第四，出版发行业对文化的传承、传播与发展具有重要的意义，需要全面整合与优化配置出版资源，构建主体多元、产业链条完整、市场网络健全的现代出版发行产业体系。

第五，文博会展业是内蒙古的特色文化产业。文博业是保护、传承与传播文化、历史文明的载体，也是衡量一个地区经济社会发展水平和文明程度的重要标志。内蒙古的文博业有自己的区域特色和历史特色；会展业作为人流、物流、技术流和信息流的重要载体，被经济界称为"无烟工业"，经济效益巨大，在内蒙古迅速发展，具有广阔的发展前景。

第六，内蒙古发展休闲娱乐业的核心价值在于将生态资源、民族文化与现代消费需求有机结合，形成"自然+文化+体验"的复合竞争力。通过政策引导、业态创新及国内外经验借鉴，内蒙古有望从传统观光目的地转型为全域休闲度假标杆，实现经济增收、文化传承与生态保护的协同发展。

二、丝绸之路文化区的资源现状及产业潜力评价

(一) 丝绸之路文化的基本内涵及其分布

"丝绸之路"一词最早出现于德国地理学家费迪南·冯·李希霍芬在1877 年出版的《中国》一书中。丝绸之路是指西汉 (公元前 202 年—公元前138 年) 时，由张骞出使西域开辟的以长安 (今西安) 为起点，经甘肃、新疆，到中亚、西亚，同时联结地中海各国的陆上通道 (这条道路也被称为"西北丝绸之路"，以区别另外两条冠以"丝绸之路"名称的交通路线)。因由此路西运的货物中以丝绸制品影响最大得名。其基本走向定于两汉时期，包括南道、中道、北道三条路线。

虽然丝绸之路是沿线各国共同促进经贸发展的产物，但是很多人认为，中国的张骞两次出使西域，开辟了中外交流的新纪元。从此，这条路线将我国中原和西域与阿拉伯、波斯湾紧密联系在一起。经过几个世纪的不断努力，丝绸之路向西伸展到了地中海。广义上"丝绸之路"的东段已经到达了韩国、日本，西段已至法国、荷兰，海路还可达意大利、埃及，是亚洲和欧洲、非洲各国经济文化交流的友谊之路。

丝绸之路文化博大精深，兼收并蓄，在空间上横跨亚、欧、非三大洲，包括从历史上传承下来的各种文化形态，以及至今仍影响着亿万人的佛教、基督教和伊斯兰教。丝绸之路文化是世界文明奇迹，涉及壁画、音乐、舞蹈、建筑、雕塑、医学、宗教、政治、经济、军事、民俗等多方面。

丝绸之路在中国境内途经多个省份，跨越陕西、甘肃、宁夏、青海、新疆等省份。丝绸之路主要跨越的城市包括西安、天水、兰州、嘉峪关、敦煌、吐鲁番、乌鲁木齐、喀什、银川、西宁、格尔木等。这里居住着众多的少数民族，他们热情好客，能歌善舞。不同的民族有着不同的发展历

史，并各自保留着独特的民族特色、传统文化和宗教信仰。

依据自然地理、历史特点、民族文化、行政区划四个基本条件，可以将丝绸之路文化区划分为四个各具特色的文化圈。

1. 西安古城文化圈

西安古城文化圈主要包括陕西省西安市，西安是13朝古都，历史文化名城，历史文化资源极其丰富。唐朝以来，大唐文化以海纳百川的气势，从"贞观之治"走向"开元盛世"。当时的长安城是世界上最大的都会，全城周长36.7千米，面积83.1平方千米，人口百万人以上，与300多个国家和地区有所往来。西安历史文化辉煌灿烂，有着丰富的历史文化遗存，这里既有被称为"世界第八大奇迹"的秦始皇陵兵马俑，也有汉唐帝王陵；既有反映大唐风貌的大明宫，也有古朴特色的古城墙。

2. 宁夏回族风情文化圈

宁夏古称朔方，在历史上一直属于边陲之地。1958年宁夏回族自治区成立后，由于经济建设的需要，其他地区人口大量迁入宁夏，首府银川成为典型的移民城市，这在全国都是罕见的。宁夏回族文化资源十分丰富，文化种类繁多，文学艺术独树一帜。

3. 甘肃河西走廊文化圈

甘肃是中华民族和中华文化的发祥地，早在20多万年前，我们的祖先就曾在这片土地上繁衍生息。甘肃地处黄河上游，河西走廊地区是丝绸之路的黄金通道，产生了灿烂的文化。

4. 新疆西域文化圈

新疆位于闻名世界的古代丝绸之路的重要地段，古代丝绸之路有4000千米在新疆境内，中道、北道、南道遗留有无数的文化遗产，文化底蕴非常深厚，是我国西部地区重要的文物大区。拜城的克孜尔千佛洞和库车的库木吐喇千佛洞对研究龟兹佛教艺术，具有极高的史料价值。

（二）发展丝绸之路文化产业的基础条件和重点领域

西安作为丝绸之路的起点，是西部旅游面向中原和世界的门户。其得天独厚的历史位置使西安古城文化圈更具经济、人才、资源、对外开放等方面的优势，便于开发都市、商务、会展等专项旅游项目，可以充分发挥自己的优势来满足不同层次、不同类型国内外游客的需求。

宁夏回族自治区应充分发挥自己的区域特色，通过政府政策来弥补旅游技术人才不足的短板，开发重点景区，提高知名度，打造区域文化旅游精品。政府要积极鼓励和支持当地旅游业的发展，打造宁夏特色旅游产业。

甘肃河西走廊文化圈应在全省范围整合旅游资源，加强文化环境建设，提升服务质量，发展旅游交通，加大旅游项目建设力度和宣传推广力度，全方位提升旅游形象，加快推进旅游业全面发展。此外，甘肃河西走廊文化圈还应充分发挥敦煌的优势，重点建设敦煌莫高窟、鸣沙山、月牙泉等旅游景观，打造具有国际影响力的历史文化与自然风光相结合的旅游区。张掖、天水等地拥有丰富的人文资源，旅游品位较高，应充分利用这些资源，发挥辐射作用，发展区域优势，打造河西走廊文化子产业。

新疆西域文化圈的旅游资源非常丰富，硬环境优势明显，软环境建设不足，应积极建设旅游基础设施，科学规划，积极开发旅游产品，大力引进旅游人才，以扬长补短的方式，树立鲜明的旅游形象，开发具有国际影响力的特色旅游精品。

总之，各文化圈要认清自己的优势和劣势，明确旅游产业的市场定位，整合旅游资源，加大旅游开发投入力度，优化旅游环境，打造精品旅游区；通过产业和经济的发展带动旅游业发展，同时将旅游优势转化为产业优势和经济优势，全方位支持旅游业发展，打造世界级旅游产业。

三、青藏高原文化区的资源现状及产业潜力分析

(一) 青藏高原文化的基本内涵及其分布

青藏高原世代繁衍、生息着一个古老而善良的民族——藏族。藏族人口为 700 多万，主要聚居在西藏自治区，青海省的海北、黄南、海南、果洛、玉树藏族自治州和海西蒙古族藏族自治州，甘肃省的甘南藏族自治州和天祝藏族自治县，四川省的阿坝藏族羌族自治州、甘孜藏族自治州和木里藏族自治县，以及云南省的迪庆藏族自治州。经过漫长的岁月，这些地区逐渐形成了具有共同民族特性的文化形态——藏文化。我们把这几个有共同文化形态的地区称为青藏高原文化区。藏文化被国内外学术界认为是

一种有着独特色彩、丰富内涵的文化形态。

藏文化的分布范围与藏族人民居住区的范围大体一致，即整个青藏高原地区，包括西藏地区、甘南藏区、青海藏区、川西藏区和滇西北藏区。青藏高原被称为"世界屋脊"，其特殊的地理条件形成了一个青藏高原文化区。藏族人民世代生存于此，宜农则农，宜牧则牧，与高山、湖泊、河谷、草场相依成伴，其身心与自然环境已形成天人合一的关系。藏文化是中华文化和世界文化宝库中一颗璀璨的明珠，它在漫长的历史发展过程中，与其他民族不断交流，形成了浓郁的民族和地域特色，为世人所瞩目。

（二）发展青藏高原文化产业的基础条件和重点领域

1. 发展青藏高原文化产业的基础条件

（1）历史文献典籍。藏族在悠久的历史中形成了自己的语言和文字。早在公元7世纪，藏族就拥有了自己的文字、历法、法律。藏文文献是藏族人民智慧的结晶，为藏文化的发展和传播带来了经久不衰的力量。藏文史籍文献卷帙浩繁，是中华民族丰富史籍中的一颗璀璨明珠，其数量居我国各少数民族文献之首，仅次于汉文文献。藏文文献不仅数量颇丰，内容也极为丰富，历史价值极高。现存的藏文文献不仅有藏经《甘珠尔》和《丹珠尔》，还有慷慨壮阔的英雄史诗《格萨尔王传》。《格萨尔王传》结构宏伟，内容丰富，充分体现了藏族人民图腾崇拜和自然保护等观念，代表着藏族文化的最高成就。除了藏经和史诗，藏文文献中还有大量的寺庙志、高僧传、教法史、王统记、史册、地理志、小说、神话传说、格言诗、道歌等记载。文献典籍是藏文化的主要载体，在西藏历史研究中具有极高的学术价值，同时也是西藏传统文化继承和发展的源泉。

（2）建筑及文物。千百年来保存下来的宗教建筑是西藏珍贵的传统文化遗产。绝大部分藏传佛教的寺院历史悠久，寺中所藏文物也多具有极高的艺术价值和历史价值。1961年，布达拉宫被中华人民共和国国务院列为第一批全国重点文物保护单位之一。1994年，布达拉宫被列为世界文化遗产。

（3）多样性的工艺品。藏族拥有种类多样、做工精美的工艺品，包括镶嵌宝石的耳坠、红色的图腾珠、手工水晶镜片等，以及藏毯、藏式家具、茶壶、奶罐、器皿、木碗、祭器、法器、金碗、佛像、石刻菩萨、小石片经文、藏刀、金银首饰、藏香等，这些物品色彩鲜艳，图案清晰、优美，既具有日用性又具有观赏性，还具有很强的民族风格，这些都是藏族人民手工艺品的瑰宝。

(4) 浓郁的民族风情。青藏高原文化区也是部分少数民族集中的地方，有藏族、门巴族、珞巴族、回族、蒙古族、怒族、独龙族等，在民族大家庭中，少数民族的民俗风情独具特色。

在民族服饰方面，各民族的服饰风格各异；在民族节日方面，藏族的节日很多，其中具有普遍性或全民性的节日有藏历新年、花灯节、雪顿节、沐浴节、望果节等，不同的民族节日各有特点；在饮食方面，由于藏族人民居住地区海拔高、空气稀薄、降水量少、日照充足、风速大，独特的地理位置和气候形成了藏族人民独特的饮食习惯。

(5) 文化艺术。藏族的文化艺术表现为藏族歌舞，藏族人民酷爱歌舞，歌舞已成为藏族人民精神文化生活中不可缺少的艺术形式。哪里有藏族人民居住，哪里就有藏族的歌舞艺术，特别是歌舞乐剧，如杨丽萍的《藏谜》，最具吸引力的地方就是它对原生态文化的展示，该歌舞剧主要表达人们祈天祷地、求取风调雨顺的"天人合一"思想。还有体现藏族原生态文化艺术的藏戏，剧情古朴淳厚、沉雄奇崛、瑰丽多姿，具有强烈的浪漫主义传奇色彩，在表演艺术上有着很高的成就，如《卓娃桑姆》《诺桑王子》等传统经典藏戏被一次次地演绎。另外还有说唱艺术，藏族的文化艺术瑰宝《格萨尔王传》就是以说唱形式来表现并在民间广泛流传的。

青海的热贡艺术发祥于青海省同仁市，是雪域文化和中原佛教艺术完美结合的一种独特的形式，是藏传佛教中的一个重要流派。其主要内容包括绘画(唐卡、间唐)、堆绣、雕塑(木雕、泥雕、石雕)、建筑、图案等。热贡艺术已正式列入"中国民族民间文化保护工程"第二批试点工程，2006年热贡艺术被列入第一批国家级非物质文化遗产名录。

2. 发展青藏高原文化产业的重点领域

(1) 大力发展西藏的演艺业，努力创建演艺产业。藏族是一个爱好歌舞的民族，藏族人民常把他们热情豪放的性格特质融入歌舞当中。青藏高原文化区各个地区的歌舞都有所不同，山南乃东和措美县的藏戏和卓舞，聂拉木的夏尔巴舞、日喀则的斯马卓及江孜的果谐等都美不胜收。当地应该把藏族风情的歌舞进行资源整合，组建演出公司，提高演出质量，打造高端、高雅的国际歌舞艺术产业。

（2）创建民族服饰产业。青藏高原文化具有深厚的民间文化艺术底蕴。历史的积淀使藏族保持了独特的民俗风情和服饰文化，青藏高原文化区各地区具有风格多样的服饰和民俗。在山南举办的雅砻文化节上，琼杰、扎囊等12个县的民族服饰表演震惊了世人。民俗和服饰是民族文化的继承和延续，它们是藏族文化的载体。如果整合藏族服饰风格，打造新颖独特、具有藏族风情的服饰，那么它将会为时尚服饰添加更为绚烂的一笔。

（3）努力推出藏药产业和藏餐产业。藏药文化和藏餐文化是具有很强发展潜力的产业，随着藏族地区的现代化建设，传统的藏药与藏餐焕发出了神奇的光彩。藏药中可利用的药用植物有1000多种，许多药物都是青藏高原的特产，其中天麻、虫草、熊胆、贝母、三七、羚羊角、喜马拉雅紫茉莉、唐古特青兰、雪莲、高山龙胆等，都是十分名贵的动植物药材。当地应该利用生物技术，对藏药进行加工，以形成自己独特、高端的药物产业。

藏族饮食在世界上具有独特魅力，青稞面成为世界上最引人注目的保健食品之一。当地应利用目前先进的食品加工技术，推出独具本地区特色的青稞面、牦牛肉、牦牛奶等，并以独特的产品优势走向国际市场。

（4）打造鲜明的民族特色产业，推出具有民族特色、精致的工艺品，着重发展民族工艺品，如藏毯、藏式家具、藏族首饰等，通过成立龙头企业或从外部引进成熟企业，统一策划、包装、推广藏族工艺品及特产，提升产品的知名度和附加值，并形成生产规模，拓展国际市场。

通过打造高端产业，提升藏文化的艺术感染力，传播藏文化的精髓。将人们对藏文化的认识落在一项项具体的、可感知的艺术形式上，并通过多种艺术形式，使人们去深入体会藏文化的博大精深，去领会藏文化的历史与艺术精髓。逐步创建藏文化大产业，以带动西藏、青海等藏族地区文化产业的全面发展。

四、西南地区特色文化区的资源现状及产业潜力分析

（一）西南地区特色文化的基本内涵及其分布

西南地区是指中国的云南、贵州、广西、四川、重庆五省份，面积为

230 万平方千米，约占全国总面积的 1/4，人口占全国总人口的 1/5，该区域内分布着汉族、壮族、彝族、苗族等众多民族，有 30 多个少数民族在此居住，这里有许多独具特色的人文和自然景观、宜人的生态环境和丰富的历史文化古迹。在西南地区民族文化尤为突出，民族文化是一个比较宽泛和相对的概念，在不同的系统中有不同的概括形式。就普遍意义来说，相对于主流文化、强势文化或精英文化而言，民族文化是指具有历史传统的、地域性的、非主流的文化。在我国，民族文化通常有两种意思：一是指具有历史传统的、民族民间的、非主流的文化，这是普遍意义上的民族文化，其中主流与非主流是相对的，在特定的历史条件下，可以相互转化。二是指我国 55 个少数民族特有的文化。本书在没有特别指出的情况下，民族文化均指后一种意思。随着改革开放的不断推进，在区域社会经济发展中，文化的重要性日益凸显，各方面也越来越受到关注和重视。因此，新形势下民族文化新的内涵、新的特征成为重要的研究课题。

西南地区地处我国西南边陲，其在文化交流上扮演着重要的角色，东南亚文化及欧洲文化在国内的传播，都与西南地区有着密不可分的关系，这些文化都是在西南地区交流和融合后，再传入中原地区乃至全国的，所以说，西南地区是中国与外来文化的交流站。

西南地区特色文化是一个非常广泛的概念，涉及西南地区五个省份，在内涵上包括从历史上传承下来的各种具有民族特色的文化形态，本质是体现我国民族团结和中华民族伟大精神。西南地区以其独具特色的民族文化和兼容并包的特点给众多游客留下了深刻的印象，西南地区特色文化的发展推动了当地旅游事业的发展。西南地区的民族文化是该地区民族价值观的体现，不仅对中华民族的团结具有重大意义，也是发展各项事业的宗旨和内在要求。

西南地区的地理和历史等诸多因素造成了西南地区的文化分布错综复杂，形成了与中原地区不同的文化特征。依照西南地区的自然地理特点、历史特点、民族文化特点、行政区划等，可以将西南地区特色文化区划分为以下四个文化区域。

1. 茶马古道文化带

茶马古道是指以马帮为主要交通工具的民间国际商贸通道，是中国西南民族经济文化交流的走廊。茶马古道源于古代西南边疆的茶马互市，在唐宋时期比较兴旺，在明清时期达到鼎盛阶段，在二战中后期最为兴盛。其范围延伸至不丹、尼泊尔、印度境内，直到西亚、西非红海海岸，是古代中国与南亚地区一条重要的贸易通道。茶马古道不仅是茶叶和马匹买卖的通道，也是药材、特产等的重要运输通道。

2. 长征文化带

长征是中国共产党和中国革命从挫折走向胜利的伟大转折点。红军长征在贵州活动的时间最长，活动范围最广，涉及的重大事件最多，影响最为深远，在转战贵州的数月里，留下了丰富的文化资源和精神财富，形成了具有独特地域特色、内涵深刻的红色文化。以红军长征为重要内容的红色文化是西南诸省的一大特色旅游资源，以遵义会议会址为代表的长征文化是贵州旅游的一大亮点，雪山、草地是四川长征文化的旋律，其特有的文化魅力吸引着越来越多的中外游客来此亲身体验和感悟红色文化和长征精神。

3. 桂林山水文化带

以桂林山水闻名的广西区位优势明显，南临北部湾，面向东南亚，西南与越南毗邻，东邻粤、港、澳，北连华中，背靠大西南。广西与广东、湖南、贵州、云南接壤。东南部与广东省省界长约 931 千米，东北部与湖南省省界长约 970 千米，北部与贵州省省界长约 1177 千米，西部与云南省省界长约 632 千米。西南部与越南国界长约 637 千米。大陆海岸线长约 1500 千米。东西最大跨距约 771 千米，南北最大跨距（南至斜阳岛）约 634 千米。广西从中国秦朝开始就是中国的领土，西汉时期广西和越南中部和北部属西汉交州的交趾郡。广西的峰林是发育完美的热带岩溶地貌的典型代表，它们平地拔起，气势超群，造型奇特。其中形态最典型、风景最秀美的是桂林、阳朔一带的石灰岩峰林，曾被明代旅行家徐霞客誉为"碧莲玉笋世界"。此外，桂东北、桂中、桂东南、桂西等地也随处可见石灰岩峰林。

桂林山水文化带是指纯生态的，人与自然和谐共存的自然文化带，讲究天人合一，强调人的自然属性。广西是少数民族的聚集地，有各具特色的少数民族文化，是一个纯天然、绿色的文化体系。

4. 巴蜀文化圈

巴蜀文化源远流长，已有 5000 余年的发展历史，与齐鲁文化、三晋文化等地共同构成了辉煌灿烂的中华文明。在中国上古三大文化体系中占有重要地位。

第一，丰富的文化资源。自古至今，巴蜀地区名人辈出，如汉代的司马相如、扬雄，三国两晋时期的诸葛亮、陈寿，唐代的陈子昂、李鼎祚，宋代的"苏门三父子"、黄庭坚，元代的虞集，明代的杨慎、来知德，清代的唐甄、费密、李调元，近现代的郭沫若、巴金等，这充分证明了巴蜀文化历史悠久，灿烂辉煌。现存的巴蜀文化资源主要有国家级历史文化名城7座，省级历史文化名城 24 座，省级历史文化名镇 22 座，全国重点文物保护单位 82 处，省、市、县重点文物保护单位 3000 余处，各种博物馆、纪念馆、陈列馆 64 所，其他人文景点 200 多个。文物古迹、园林、古城遗址、文物精品丰富多彩。

第二，多彩的传统节日。巴蜀地区数千年来传承的民俗和民间风情，无疑是巴蜀文化的有机组成部分。每年按农历次第举行的节庆盛会有正月成都灯会、二月成都花会、三月都江堰清明放水节、五月乐山龙舟会和郫县赛歌会、八月新都桂花会、腊月自贡恐龙灯会等，这些都是积淀丰厚、传承数千年的巴蜀文化的外部表征。

第三，灿烂的文化艺术。巴蜀文化源远流长、内涵丰富，有以三星堆、金沙、十二桥商周建筑遗址、战国船棺葬遗址等为代表的古蜀文化；有以武侯祠、庞统祠、富乐山、剑门蜀道等为代表的三国文化；有以杜甫草堂、望江楼、三苏祠、李白陇西院、郭沫若故居等为主要载体的中国诗歌文化；有以鹤鸣山、青城山、青羊宫等为代表的道教文化；有以峨眉山、文殊院、昭觉寺、安岳石刻等为代表的佛教文化；有以川主寺红军长征纪念碑园、伟人故里、川陕苏区等为主题的红色文化；有以川菜、川酒、川茶等为代表的饮食文化；有以糖画、年画、剪纸等为代表的民俗文化等。

第四，享誉海内外的饮食文化。川菜源于古代的巴国和蜀国，自古以来这一地区就有"天府之国"的美称，主要得益于江河纵横的地理优势、四季如春的气候条件和品种丰富的烹调材料。这里既有山区的山珍野味，又有江河的鱼虾蟹鳖；既有肥嫩味美的各类禽畜，又有四季不断的各种新鲜蔬菜和笋菌，还有品种繁多、质地优良的酿造调味品和种植调味品，这为川菜的发展提供了得天独厚的条件。成都的川菜、火锅、特色小吃闻名遐迩，享有"中国美食之都"的美誉。川菜取材广泛，菜式多样，口味清鲜，善用麻辣，拥有独特的烹调方法和浓郁的地方风味，是中华民族饮食文化中一颗灿烂夺目的明珠，素有"吃在中国，味在四川"的美誉。

（二）发展西南地区特色文化产业的基础条件和重点领域

西南特色文化产品关联度较高，可以形成关联型文化产业集群，即各具特色的文化企业充当产品链上的不同角色，共同构成集群，形成内部关联性较强的集群，并突出集群优势；还可构成文化产业带上具有不同特色的文化子产业，共同支撑"绚丽多彩大西南"这一产业。此外，集聚地的企业不仅专业化程度高，相互间的协作程度也较高，可提供多样性的选择，体现了规模经营的集群优势，能够吸引并满足多样化的消费需求，达到较好的市场效益。

打造高端产业，提升西南地区特色文化的艺术感染力，传播西南特色文化的精髓。将人们对西南文化的认识落在一项项具体的、可感知的艺术形式上，通过一项项的艺术形式，使人们深入体会西南文化的博大精深，领会西南文化的历史与艺术精髓。构建西南文化产业，以此带动西南地区文化产业的全面发展。一是通过对文化资源进行普查，分门别类地整理文化资源，形成独具地方魅力的特色文化群体。通过文化创意，形成独具特色的文化形式，打造西南文化产业。二是依托民间工艺，建成现代化的艺术品生产企业，打造艺术品产业，发展工艺美术品业。在巴蜀地区，剪纸艺术、绵竹木版年画、铜梁龙艺术品、永川蝴蝶画、荣昌折扇、开县临江折扇、重庆蜀绣、万州丝绸、黄杨木梳、三峡石、大足石雕艺术品、荣昌陶器等特色民间工艺美术品种类丰富，有利于发展工艺美术品业。当地可以创建艺术品生产企业，开创各种文化艺术产业，并走出国门，去开拓广阔的全球市场。三是对不同形态的西南文化产业制定相应的营销策略，将其推广至国内外的高端市场。高端市场的开发，有助于带动其他市场的发展。在西南地区，相关产业部门要做好两个方面的工作：一是统一认识，协调政策，处理好文化事业与文化产业的关系，保证巴蜀文化产业推广和西南文化传播的连续性。在外部传播和推广中，敏锐地抓住当地文化传播的契机，全力推动内部市场的发展。例如，在西南地区的旅游黄金季，面向国内外游客，安排好项目，做好推广与传播工作，充分利用各种文化设施，将西南文化传播到全世界。

西南特色文化主要以民族交流和团结、长征精神、人与自然和谐共生等理念为精神核心和支柱，反映了中华文化的广泛包容性、中国人民不屈不挠的民族精神和热爱和平的意识形态。当地可以将西南特色文化作为商品推广出去，传播西南特色文化，扩大西南文化在全国乃至全世界的影响力，让更多的人去了解西南文化的内涵。

第四节　中国西部文化产业集群发展的建议

一、加强政府间合作

由于特殊的历史背景和地域环境，西部地区形成了独具特色的文化类型。这些文化类型所涉及的地域范围广，且行政区划十分复杂。开发保护这些文化资源，对共建中国西部文化产业具有十分重要的推动作用。

构建西部文化圈需加强区域内文化资源的整合。文化资源的整合应注意两个方面：其一，文化资源的开发利用以产业化方式为主，强调以组织性、重要性、次序性和战略性为主要原则，同时也应重视对文化资源的保护。其二，在产业化发展进程中应注重整体要素的全面整合，其中文化体制改革与政策制定是方向。在具体实施过程中，一方面要兼顾文化圈建设的目标和文化资源的地域特点；另一方面要充分利用各级地方政府的政策指导优势，增强彼此间的交流与合作，优势互补。通过整合各地的文化资源，在区域内建立文化产业集群，共同打造特色文化产业，为中国西部文化产业建设做贡献。

改革开放以来，随着西部地区经济实力的逐步增强，区域经济和社会发展加速一体化的趋势日渐明显。当前，各文化圈内的合作发展主要表现为以民间自发合作为主，以政府为辅；以产业分工协作为主，以基础设施对接为辅。其存在的问题与不足之处主要有四个方面：其一，政府间关于推动文化圈构建与产业集群发展的合作有待加强；其二，助推文化产业发展的基础设施的主动对接与共享开展程度不高；其三，尚未建立相关有利要素自由流动的机制；其四，需要拓展文化发展的合作领域。

值得强调的是，当前中国西部地区存在两个方面的问题，即跨地区的公共产品供给不足和公共事务治理失灵。

首先是文化产业发展过程中的环境污染问题。各地方政府为谋求本地利益的最大化，引发了"公用地的灾难"现象。例如，位于河流上游的地区出台禁令，阻止该地区厂商向河内直接排放未经处理的污水，并要求他们配备污水净化设备，力求达到河水不受污染的环保目的，但这种做法不能阻止河流下游地区从中直接受益。河流下游地区可以无偿享受上游地区高成本维护的成果。其结果就是，河流上游地区不再完全投身于污水净化工程，有时甚至会引发地区之间的摩擦与冲突。

其次是共有资源的保护、使用问题。例如，珠江流域跨越滇、贵、桂、湘、粤、赣六省份和港、澳两个特别行政区。该流域作为一个完整的自然区域，是一个在经济、社会、文化和环境上不可分割的生态系统，需要从公共管理的角度研究和探索流域内水污染长效治理机制，研究其中的水权制度、生态补偿机制、利益协调机制等问题。

过去，区域内政府的合作大多由中央政府与地方政府协调完成，而跨地区的公共事务的处理和治理基本由中央政府主持，尽管中央政府能够意识到区域性问题的重要性和紧迫性，但在具体的治理过程中有时无法获取完全真实和及时的信息，往往导致治理效果不理想。

因此，建立有利于西部地区文化产业发展的地方政府机制变得尤为重要，这对区域内文化资源的合理开发和保护，文化产业要素资源的共享和交流，文化产业集群的形成和中国西部文化产业的建设，都具有重要的战略意义。

二、加快文化产业体制机制改革

政策与市场之间存在奇妙的博弈。政策宽松，市场就活跃；政策紧缩，市场就会萎缩。政策是市场的助燃剂，市场是政策的晴雨表。就文化产业政策与文化产业市场的本质关系而言，制定政策就是创造环境，政策是环境的重要影响因素。

根据建设中国西部文化强势产业的要求，成立西部地区文化产业协调领导小组，通过产业的统一管理，形成中国西部文化产业运作机制。每年都召开"中国西部文化产业博览会"，利用区域产业，加大对西部地区文化产业的投资，提升产业知名度。对区域产业的发展实行统一规范管理，统一使用"中国西部文化"地域商标。同时，开通中国西部文化信息网站，向国内外市场宣传中国西部文化产业，展示并推介西部地区优秀文化企业或优质文化产品，整理和发布相关信息，为广大客商了解中国西部文化产业提供快捷准确的市场平台。大力发展西部地区文化产业，必须有良好的发展环境作为保障。要把大力改善文化产业发展环境放在重要位置，为加快西部地区文化产业发展提供良好的政策保障、机制保障和服务保障。要加强文化产业法治环境建设，不断完善省级文化产业管理法规，建立健全文化资源开发、保护等专项文化产业管理办法。要进一步完善文化产业投融资机制，创新文化产业投融资平台，积极引导社会资本投资文化产业。要进一步扩大西部地区文化产业对内对外部市场的开放程度，加强西部地区文化产业的区域合作，在引进国内外大型文化企业和文化产业投资商的同时，积极引进先进的文化产业经营理念和管理模式。要进一步加强西部地区文化产业人才队伍和从业人员队伍建设，为文化产业发展提供人才保障。

三、提供资金支持和特殊的融资政策

由于受历史和地理等诸多因素的影响，西部地区经济基础薄弱，这将严重制约西部地区经济结构的调整和技术的进步，导致西部地区与东部发达地区之间的经济差距越来越大，从而严重阻碍了文化产业的发展。解决资金的问题，一是要加大中央和地方政府的投入力度，二是要提供相关的优惠政策。

(一) 建立西部地区文化产业发展基金

国家可以每年通过资金投入的方式，扶持西部地区文化产业重点项目的建设，或适当划拨一部分资金列入西部地区文化产业发展基金，通过项目补助、奖金、贴息等方式，大力支持龙头文化企业、重点文化产业基

地、重点文化产业园区、重大文化产业工程、具有示范性或导向性的文化产品生产和文化服务项目及国有文化企业改制等，为西部地区文化产业提供发展动力。由财政部对基金进行统一管理，采用资本金补充方式对西部地区文化产业无偿投放，向符合主体功能区要求、通过国家评估的区域优势骨干企业和重大文化产业项目拨付一定比例的资本金，吸引外部企业到西部地区投资办厂。基金管理实行项目申报、专家论证、验收考核、以奖代补等形式，以发挥此基金的最大效用。

(二)支持西部地区文化企业采取多种方式融资

融资方式包括由政府出面担保向银行贷款，允许西部地区文化企业发行债券、上市融资、广告融资和利用独特资源融资等。鼓励企业通过"跨所有制、跨行业、跨地区"的投资主体改造，实现股权结构多元化。2009年，华谊兄弟的成功上市为西部地区文化产业的发展提供了一条新的思路，西部地区文化企业可以在政府的推动下，通过资源整合，在符合上市条件后在创业板上市，募集发展资金。

(三)进一步推进税收优惠政策

西部地区文化企业在改制过程中可以享受到一定程度的税收优惠，但这些优惠主要集中在所得税方面。绝大部分文化企业改制后受企业经济效益的影响普遍效果不佳，无法充分发挥所得税优惠政策的作用。《中华人民共和国民族区域自治法》第三十四条规定："民族自治地方的自治机关在执行国家税法的时候，除应由国家统一审批的减免税收项目以外，对属于地方财政收入的某些需要从税收上加以照顾和鼓励的，可以实行减税或者免税。"所以要想让西部地区文化企业得到真正的实惠，就应在税种上创新，在渠道上想办法，从而给予其更多的实实在在的优惠，如自用房产免征房产税，资产划转或转让涉及的增值税、营业税、城建税等给予适当的优惠，具体优惠政策由财政部、国家税务总局根据其转制方案确定。例如，在第15届韩国总统竞选中，韩国执政党在施政纲领中明确指出："我们会通过强制手段来保证韩国国产电影在上映档期上的配额，并给予专门发行韩国国产电影的发行公司和专映韩国国产电影的影院以税收上的优惠政策，这些政策将持续到韩国国产电影的市场占有率达到40%。"正是这样的优惠政策，使韩国本土电影票房达到年 27% 的高增长率，打破了好莱坞一统电影天下的局面。这一举措对我国繁荣西部地区文化产业具有重要的参考价值。

四、加大文化产业人才培养力度

文化产业是一项需要各路精兵强将积极参与的事业。建设好中国西部文化产业需要一大批高素质、高智慧的复合型人才励精图治、奋发有为。策略制定之后，人才就是决定性的因素。文化产业作为西部地区朝阳产业，起步不久，万事待兴，光明无限，需要各类人才大展宏图。有了人才，就会有好的项目，有好的项目就会有资金注入，从而形成良性互动。

文化产业是一种高附加值的经济活动，创新、创意是这一经济活动的核心要求。没有一支规模庞大的创意人才队伍，没有一批关键领域和龙头产业的领军人物，没有一批高水平的复合型人才，就不能支撑起中国西部文化产业建设，就无法提升西部地区文化产业的创新力和竞争力。因此，大力实施人才战略，是西部地区今后相当长一段时期内实现文化大发展、大繁荣的内在要求。

第一，盘活当地现有人才资源。西部地区人才市场的主要问题是人才流失严重，因此稳定现有人才是当务之急。要着力抓好文化产业管理人才、文化创意设计人才、文化生产制作人才、文化商品交易人才四支主要人才队伍建设，全面盘活现有人才存量。首先要做好人才战略规划。规划先行，这是文化产业良性发展的战略制高点。抓好规划制定工作有利于形成发现人才、管好人才、用好人才的良好局面。其次要完善人才管理系统。产学研联手，依托西部地区文化产业协调领导小组，成立 CT 产业人才培养和管理委员会，负责文化产业人才培养，引进计划的制订、协调等，建立文化产业专门的人才数据库，为西部地区文化产业的专门人才建立人才档案。最后要建立和完善人才激励机制。奖励作出突出贡献的文化产业经营者、管理者、艺术创作人和工程人员等。根据按劳分配和按生产要素分配相结合的原则，允许从业人员以文化产品、创作和科研成果等生产要素参与文化企事业单位的收益分配，鼓励有特殊才能的文化专业人才和文化管理人才持有文化企业的股份。

第二，培养和引进高精尖人才。建设好中国西部文化强势产业，既要全面盘活现有人才存量，更要建立培养和引进高精尖文化产业人才的有效机制。首先，将重点放在人力资源开发上，培养具有领先的策划能力、文化产品创新能力、市场营销能力、市场经营管理能力和文化创意能力的优秀人才，打造一支政治强、素质高、业务精的文化产业企业家人才队伍；其次，抓紧培养复合型人才，重视文化策划、文化经纪、动漫游戏编创、演艺策划等产业的高级人才培养；最后，加强与国外人才的交流与合作，加强与文化产业发达国家和地区的合作与交流，通过出国学习等方式，培养具有国际视野的专业人才。

五、加大管理创新力度

发展文化产业需要树立现代文化意识，学会用文化眼光看问题，把文化当成认识和掌握世界的一种特殊方式。也就是说，要从战略和策略合一的层面认识文化的现代价值：没有文化的政府，注定是没有核心策略力的政府；没有文化的企业，注定是做不好文化产业的企业。因此，必要的智力辅助和支持，是文化产业又好又快发展的必选之策。

中国西部文化强势产业是一个全新的领域。西部地区各级政府单靠一种或某种固有的行政管理模式去经营中国西部文化产业，或者企业试图通过传统的管理经验去适应中国西部文化产业建设，这都是不现实的。文化产业的发展有自身的规律，中国西部文化产业建设同样有其固有的规律。只有遵循其规律，不断加大管理创新的力度，才能最终提高核心竞争力。

第一，按照文化产业发展的内在要求，调整和更新传统的管理模式，建立西部地区文化产业协调发展机制；第二，借中国西部文化强势产业建设之势，推动西部地区文化产业结构整体调整与全面升级。一方面，要求传统产业部门根据中国西部文化产业新要求采用新技术、新工艺和新装备，提高其技术水平，促进原有产品更新换代；另一方面，引进新的产业，设立新的产业部门。

第六章

基于城市群的文化产业集群
演化过程与形成机制分析

　　文化产业集群的发展是一条生命线，其经历了形成、发展、成熟和衰退的过程。

　　西部特色文化产业集群的发展过程包括萌芽期、成长期、成熟期和衰退期(二次成长期)四个阶段。在每个阶段，都有着不同的动力机制助推着文化产业集群的发展。在第一阶段，一些核心因素推动着文化产业的集聚。在第二阶段，经济效益推动着集群的发展，主要是企业谋求分工和交易费用的外部规模经济效益。在第三阶段，社会网络和社会资本为集群发展提供了保障。在第四阶段，如同萌芽期的发展，一些核心因素导致了文化产业集群的衰亡。

　　城市化进程和工业化进程发展到较高阶段时会形成城市群。城市群的核心是中心城市，由核心向外扩散，涵盖周围的多个城市，最终构成城市群，其是国家参与国际分工的新型地域单位。

　　城市群对地区经济社会发展具有十分重要的作用，其是重要的核心区，高度集中产业，促进经济增长，不断积累财富，并推动科技文化的发展。

　　城市群的功能优化与产业集群相互依赖，相互扶持。产业集群推动城市群的功能优化，而城市群的功能优化反过来又促进产业集群的全面发展。

　　国家应从产业集群的视角规划城市功能定位，加强城市功能支撑体系建设，通过产业结构升级来优化城市功能空间结构等，在城市群经济治理过程中充分发挥文化产业集群的重要作用，以文化产业集群为依托促进城市群功能的优化升级。

第一节　文化产业集群生命周期研究及相关主要经济理论

一、文化产业集群生命周期研究

国内外学者对产业集群及其生命周期进行了研究，获得了一些成果。Tichy 基于 Vernon 的产品生命周期理论，将集群的发展进程分为四个阶段——萌芽期、成长期、成熟期和衰退期。

萌芽期：在此阶段，产品及其生产过程尚未达到标准化程度，各企业集中到一起合力生产产品，并依托内部信息网络、资源分享和分工合作带来的外部性经济来创造竞争优势。

成长期：在该阶段，产业集群的发展与增长速度较快，有些产业集群因缺乏外部压力而减少产品创新，集中资源生产最热销的产品，并逐渐扩大规模。

成熟期：在本阶段，产品及其生产过程趋向标准化，企业谋求生产规模的最大化，地区内同类产品的竞争日益加剧，利润率逐渐下降。在此背景下，部分企业为控制成本减少了专业知识与技能的学习、转化，出现了产品技术含量低和其他企业效仿的现象，带来了"过度竞争"的问题。

衰退期(二次成长期)：当发展到该阶段时，大量企业退出产业集群，只有少量新成员进入。Maskell 和 Kebir(2005)用存在、扩充和枯竭等专业术语形象地描述了产业集群的发展周期，并解释了"集群生命周期"的概念，进而阐释了每个生命周期的驱动力。

Pouder 和 John(1996)在断续性均衡模型的框架内，将产业集群的发展过程分为产生、收敛与重新调整三个阶段。池仁勇和杨潇(2010)基于浙江省制造业的案例，以企业萌芽、成长与死亡率及集群的网络联结度和产业的配套度为评判标准，将产业集群分为孕育、快速成长、成熟、衰退四个阶段，并分析了每个阶段的期限影响因素。魏守华(2002)从集群竞争力及其优势动力的不同之处出发，把集群发展划分为发生、发展和成熟三个阶段，并在比较分析各阶段特点的基础上，提出了集群动态划分的依据。盖文启和王缉慈(1999)从区域创新网络的角度探讨了集群的演进，认为集群发展经历了网络形成期、网络成长期、网络巩固期和网络根植期。陶永宏等(2005)界定了集群的生命周期，指出产业集群的发展必然经历了生命周期，其受到多重因素的综合影响，包括政策变动、社会进步与技术改进、产业发展与转移、地区环境、市场竞争和资源状况等。集群内部企业与机构的数量和质量是产业集群生命周期的标志，其表现形式是集群的萌芽、显现、稳定和衰退。陶永宏等(2005)进一步阐释了集群生命周期的概念，认为集群是由多个相关的企业构成的主体。然而，集群的生命周期并非单个企业生命周期的简单叠加，其比单个企业的生命周期更长。集群是个完整的大体系，其生命周期由系统内外的多重因素共同决定，而非取决于单个因素。而且，在集群的各个发展阶段，均有着各自不同的核心问题和特点。

二、文化产业集群主要经济理论

古典经济学家亚当·斯密在1776年从分工视角探讨了产业集群问题，指出产业集群是以完成某种产品的生产为目的而联合在一起的具有分工性的企业群体。近年来，不同领域的学者从不同视角对产业集群进行了阐述，关于产业集群的理论研究主要集中在外部经济理论、经济地理学理论、新竞争优势理论、交易费用理论及社会资本理论等方面。

(一)外部经济理论

外部经济理论的代表人物有马歇尔、克鲁格曼、胡佛、韦伯等，也被称为外部规模经济理论。内部规模经济和外部规模经济的概念最初是在新古典经济学代表人物马歇尔(1890)的《经济学原理》一书中被提出来的。他把企业集群形成的原因归结为外部规模经济。后来，韦伯(1997)进一步细化了外部规模经济的理念，延伸出了地方化经济和城市化经济。地方化经济模式是同一行业内不同企业相互关联产生的收益增加或成本节约的经济模式，而城市化经济模式是指与其他企业配套、便利的公共设施、规范的劳动力市场等领域融合到一起而产生更大收益的经济模式。胡佛（1937）认为，规模经济是产业集群产生的原因。

（二）经济地理学理论

韦伯和克鲁格曼是经济地理学理论的两个主要代表人物，并且欧洲创新研究小组（GREMI）也致力于该理论的研究。韦伯将企业集群的经济效益分为两种：一种是企业扩大经营规模带来的集聚经济效益，另一种则是企业空间上的集聚所带来的经济效益，这集中体现在他的《工业区位论》一书中。克鲁格曼（1991）摒弃"比较优势"的观点，力求将企业空间集聚与国际贸易因素联系起来。在他看来，产业集群的发展取决于两个方面：一是空间集聚降低了交易成本，二是地方的收益规模将日益增加。一旦产业规模达到集群的级别，其就能实现自我延续，而地区的发展也将被"锁定"起来，我们可称之为"路径依赖"。1985年，欧洲创新研究小组在欧美国家的16个地区开展了产业集群的相关调查研究，发现产业内部的专业化发展并非产业集群出现的唯一因素，产业集群的出现取决于该区域内的社会人文环境，其中创新环境发挥着极为重要的作用。

（三）新竞争优势理论

1990年，哈佛大学教授迈克尔·波特（Michael Porter）在《国家竞争优势》一书中首创了竞争优势理论。波特的主要思想是，产业集群是产业部门获得竞争优势的极为重要的途径。建立紧密的产业联系和拥有相关支撑结构的多个企业在空间上集聚，不仅可以大大提升该集群内部企业的生产效率，而且能够降低新进企业的风险，推动新企业的诞生和发展，提升它们的创新能力，最终使集群内部企业获得持续的、强大的竞争优势。1998年，他在《哈佛商业评论》上发表的《企业集群与新竞争经济学》一文，系统阐述了以产业集群为主要研究对象的新竞争经济理论。

（四）交易费用理论

交易费用理论又被称为新制度经济学，其代表人物为科斯（Coase）、德姆塞茨(Demsetz)、威廉姆森(Williamson)、诺斯(North)等。科斯在1937年的研究中指出，企业产生的目的是代替市场，力求建立组织实现资源管理，从而降低市场运行成本。之后，多个经济学家对交易费用理论进行了深入研究，致力于该理论的进一步发展。威廉姆森(1977)认为，地理上的优势可以降低交易费用，数量众多的、具有信任关系网络的企业可以利用合约力量来减少机会主义行为和信息不对称现象。

(五)社会资本理论

社会资本是新经济社会学的研究范畴。布迪厄(1980)首次将社会资本定义为实际或潜在资源的集合，这些资源与由相互默认或承认的关系所组成的持久网络有关。罗伯特·普特南(Robert Putnam)进一步指出了社会资本是指社会组织的特征，如信任、规范和网络，它们能够通过推进协调的行动来提高效率。不难发现，社会资本属于稀有资本。社会资本的获取必须借助个人和社会关系网络，相互信任是这种关系网络的基础。社会资本能给产业集群内部的企业提供诸多的竞争优势，如推动企业创新，降低创新的交易成本，强化企业的根植性，这种优势是其他企业不能简单效仿的。

总之，许多学者从不同的研究视角，运用不同的研究方法，就影响产业集群发展的因素阐述了各自的观点。事实上，产业集群并非一蹴而就的，其发展经历了从企业集聚到集群的不同时期，而且其发展的每个阶段都由不同的机制所推动。

第二节　基于城市群的文化产业集群演化过程及主要特征

如同产品与企业的生命周期，集群的发展也经历着成长周期，即集群生命周期。从集聚到集群，区域产业的发展也经历了萌芽期、成长期、成熟期和衰退期(二次成长期)四个阶段。城市化进程与工业化程度发展到高阶段时会出现城市群，城市群是以中心城市为核心向外围扩散形成的多个城市的集合体，是国家应对国际竞争、参与国际分工的新型地域单元。城市群是地区经济社会发展的重要核心区、产业高度集聚区、经济增长区和财富积聚区及科技文化的创新地区。产业发展水平是影响城市群发展程度的重要因素。因此，要提升城市群的发展水平，就要从优化产业结构和增加地区生产总值两方面入手。产业集群是促进城市群功能优化的核心源泉，城市群的功能优化促进了产业集群的全面发展。城市群的发展要从产业集群的视角规划城市功能定位，加强城市功能支撑体系建设，通过产业结构升级来优化城市功能空间结构，并在城市群经济治理过程中充分发挥文化产业集群的重要作用，以文化产业集群为依托来促进城市群功能的优化升级。

一、萌芽期——产业集群开始形成

产业集聚发展到一定程度后会形成产业集群。本书课题组在跟踪分析国内产业集群发展进程时发现，某一地区产业集群的形成并非偶然现象，而是由多重因素共同作用形成的。这些因素包括持续性的地域优势、稳定的市场需求和有利的生存环境等。在萌芽阶段，产业集群的表现形态为，在一定地域范围内集中地创建或引进少数生产同类产品的企业，然后借助这些企业较强的市场竞争力和盈利能力吸引更多的企业，使该地区成为产业集聚地。但是在该阶段，各企业之间尚未建立起正式的产业联系和分工协作关系，还处于空间上的集中布局时期。在此情况下，产业集群效应不能完全展现出来，可以说，萌芽期的产业集聚还不是正式的产业集群，缺乏成熟集群应具备的基本特征与显著优势，因此其对企业的吸引力并没有那么强，所发挥的集聚作用也十分有限。

二、成长期——集聚作用强烈，集群快速形成

随着萌芽期的推进，该地区内同类产品的生产企业数量与日俱增，利润也在提升，其引力作用日益彰显。这种引力作用越强，就越能吸引更多的生产同类产品的企业聚集于此，并逐渐步入产业集群的成长期。在成长

阶段，企业的集聚有两种形式：一种是同类产品的生产企业的集聚；另一种是纵向联系的企业和相关支撑机构的集聚和丛生，丛生作用主要源自企业间日益激烈的竞争。随着集群内企业数量的逐渐增加，其内部竞争性也日益激烈，这有利于该区域内生产知识的扩散，能够促进地区产业的升级。与此同时，产业集群还将呈现另一种特点，即在竞争过程中逐步出现劳动分工，相互联系、互相提供产品或服务的供应方或服务方开始出现，这代表着产业链的初步形成。

三、成熟期——竞争优势明显提升，企业关联度高并开始融入全球价值链

产业链发展到一定程度时形成自己的体系，这标志着产业集群成熟期的到来，也预示着产业集群的竞争力达到了较高水平。在该时期，众多企业聚集于产业集群内，集群趋于稳定，其吸收的企业数量不再出现大幅度的变化或基本不再变化，形成了相对完整的产业价值体系。在产业价值体系中，企业的劳动分工更加精细，企业间的联系更加密切，相互间既竞争又合作，形成了一个稳定、密切的本地网络，显著增强了集群的竞争优势。在产业集群发展的成熟期，其内部可能出现企业集团，这种企业集团设有多个下属企业，但这并非必然现象。与此同时，集群内的企业开始推行全球战略，将产品推向全球多个国家和地区的市场，并接收高质量、低成本的原材料，逐渐融入全球价值链。

四、衰退期或二次成长期——集群内特色产业衰退并向高端环节演进

在成熟期，集群内部的企业如能较好地融入全球价值链，在国际市场竞争中获得竞争优势，便能为自身创造更多的机会，从而推动其创新发展，确保集群平稳发展。反之，若集群未融入全球价值链，不能拓展新的海外市场，或因市场需求、劳动力资源、发展环境等原因无法确保集群的规模，其发展将会进入停滞时期，进而步入衰退阶段。当然，也可能会出现二次成长的现象，但要实现二次成长，需对集群内的企业进行及时有效

的引导，使其在研发、市场营销等方面加大投入力度，逐步发展至高端环节。

第三节　文化创意产业集群形成与发展的影响因素及其作用机制分析

文化创意产业集群是一种新的空间经济组织形式。内生性文化创意产业集群受偶然因素的影响大，发展的可控性风险大。外生性文化创意产业集群过多依靠人为因素，因此明确文化创意产业集群形成的影响条件显得至关重要。已有的研究通常是选定影响产业空间选择的代表性指标，采用主成分分析法、多元回归模型或灰色关联模型等计量方法，通过降低各因子对最终结果的影响，找出主要的影响因素并对其重要性进行评价，包括全国各省份文化产业影响因素的研究（袁海，2010）和某地区文化创意产业的影响因素研究（赵书华，2008；褚劲风，2008）。张望（2011）认为，社会资本、金融市场效率、消费者偏好、产品供需状况等因素对中国文化创意产业集群的形成有重要影响。

一、文化创意产业集群形成与发展的影响因素分析

（一）历史资源因素的影响

产业集群的现象最早出现在第一次工业革命时期的英国。马歇尔（1890）在《经济学原理》一书中提出"产业区"的概念，解释了外部经济条件下企业集聚的原因，他认为历史和自然条件共同促进了产业集群的形成。集群内部各中小企业在竞争的基础上形成的合作，促使各企业愿意接受产业集聚这一经济现象。1933年，瑞典经济学家俄林提出了资源禀赋理论。他认为一国应依据本国的生产要素禀赋制定产业结构政策，充分利用其拥有的相对充裕的生产要素，生产此种要素密集型产品，增加本国优势和福利。比较优势的根源在于该国的要素禀赋结构，要素禀

赋结构指的是资本、劳动力和自然资源的相对丰裕程度。最优产业结构是由要素禀赋结构决定的。1999 年，美国经济学家 Krugman（1995）研究发现，企业或产业都倾向于集中在一个特定的区位。产业集群的形成过程具有较强的路径依赖性和长记忆性。由此可知，文化创意产业集群与其他产业集群一样，也受到历史和自然条件的制约和影响。集群的区位选择都是由先天历史资源因素决定的，内生性集群的形成表明历史资源因素对文化创意产业集群的形成具有正向影响。文化创意产业依赖以文化形态存在的历史资源。《保护世界文化和自然遗产公约》规定，文物、建筑群、遗址等都属于有形的历史资源。它是人类社会进步过程中物质财富和精神财富的积淀，是社会文明的结晶。此外，很多学者也关注到，历史资源因素不仅包括有形的历史资源，也包括无形的历史资源。无形的历史资源是以非物质形式存在的历史文化资源。Malecki（1984）、Maillat（1998）、Kaufmann（2000）、Andersson 和 Karlsson（2002）等认为，区域内无形的历史遗留因素和文化因素，如文化、风俗、地理、历史和教育等，会影响创新活动集聚的产生。国内集群问题的权威学者厉无畏（2005）提出，文化创意产业集群以文化为主要内容，以创意为核心，而创意的土壤就是多元文化的共生。

（二）经济基础因素的影响

经济基础可以分为宏观经济基础和微观经济基础两个层次。宏观经济基础和微观经济基础是文化创意产业集群形成的原动力。Francois Perroux（1950）首次提出增长极这一概念，他认为"增长极"是具有规模经济效益、产业快速发展的中心地区。某些具有较强创新能力的行业在特定空间集聚，通过资本与技术的高度集中，对邻近地区产生强大的辐射作用。总结全球实践发现，大都市显著的区位优势、强大的要素配置能力和稳定的市场需求等导致文化创意产业具有明显向这些地区集聚的倾向。适宜经济发展的外部环境、良好的投资环境和生产环境促使增长极快速成长。基础设施供给、知识产权保护、企业间的协调等完善的公共制度环境能降低企业交易成本，有效地解决文化创意产业的发展难题。同时，创新环境下非交易关系的相互依赖可以促进知识外溢（Scott，2006）。分工与专业化的高度发展使集聚现象更易出现，因此大城市出现文化产业集群的概率要远远大于经济欠发达地区。

此外，很多学者也研究了微观经济基础在文化创意产业集群形成过程中的作用。市场需求、劳动供给、创意网络等因素构成了产业的微观经济基础，这些因素会直接影响企业的生产经营活动。在一个全新的消费社会中，人们的消费不局限于具体的实物，更多的是符号和影像。这种全新的消费方式凸显了文化产业在当代社会中的地位。文化创意产业集群的繁荣顺应了时代趋势，成为当今经济社会发展的重点。行业内主体间正式和非正式的竞争与合作，以及在长期交往中形成的相对稳定的社会关系网络，可以看作行业的微观经济环境。1909 年，韦伯在工业区位理论中进一步论述了企业共享基础设施、劳动力成本等因素对集聚效应的重要作用。他指出，产业集聚的形成由四个因素决定：第一，企业科研水平、技术设备等因素将有效提高生产专业化程度和产业的集中度；第二，高度的劳动分工产生的劳动力组织将促进产业集群化；第三，市场化因素的集中能提高集群内部的生产效率，节约生产成本；第四，基础设施的共享能够减少集群内部企业的经常性支出。John A. Barnes（1954）首次使用"社会网络"概念，它特指基于共同的社会文化背景建立起来的正式的或非正式的人际关系网络。社会生产网络的集聚带来了成本优势、创新优势和集体效率，这些都是文化创意产业集群形成的动力。Brown 等（2000）以音乐文化产业区为例，指出景观、情境和发生地方等"软"网络促进了信息和知识在区域内的共享，形成了产业集群的社会网络。Pumhiran（2006）提出，创意网络是文化创意产业发展的空间表达形式，它提供的公共设施、部门认同感、创新灵感、工作和销售机会是文化创意产业集群形成的内在机制。

（三）政府支持因素的影响

文化创意产业集群是经济发展的产物，自然离不开政府的监督和扶持。政策是政府实现既定目标的有力工具，创意产业的发展离不开政策的引导。政府虽然不直接参与集群企业的运作管理，但能通过建立企业和公共机构之间的联系机制，为集群的形成提供公平竞争和协调合作的环境。政府提供的完善的法律、发达的基础建设、完备的金融架构等都是文化产业集群形成的首要前提。同时，政策风向标会吸引更多的投资，为集聚区注入源源不断的新鲜血液。除了自组织型园区，其他类型的园区大多是政策引导下的"政策作用空间"，各种经济活动空间叠加在"政策作用空间"之上。市场运行所需的产权制度、信息披露制度、交易制度的不完善导致了"市场缺失"，使文化创意产业领域广泛存在市场失灵现象，单纯依靠市场机制很难有效配置文化创意产业的资源。政府有意识地采取集聚规划、调控等措施为产业集聚提供外源动力机制。1890 年，马歇尔在《经济学原理》一书中最早提出了"外部效应"的概念。经济外部性是经济主体的活动对他人或社会造成的非市场化的影响。1920 年，法国经济学家庇古的《福利经济学》一书对马歇尔的思想进行了完善。他提出，当一个人或厂商的行为所产生的利益不仅能使行为人得到好处，还能使其他人或厂商得到好处时，就产生了正外部性；反之，若给他人带来不利，就是负外部性。文化创意企业作为理念的缔造者、内容的创造者和技术的研发者，在实现自身生产效益的同时，也会向外输送先进的生产理念，发挥促进生产、就业、经济发展方式转变的额外作用。另外，文化创意产品在提供休闲、娱乐功能的同时，还具有科普宣传教育、提高道德素养、促进社会和谐等作用。

因此，文化创意产业具有生产上的外部性。如果完全交由市场运作，将无法达到理想的供需平衡状态。为使整个社会的文化创意产品供给与需求达到帕累托最优，政府应该采取措施来提高社会的总福利。同时，文化创意产品也可能产生负外部性，如低俗化、虚假化的产品会对消费者的精神世界和价值观念产生误导。这些负外部性通过社会准则约束或依靠市场矫正有很大的局限性，因而需要政府干预，加大对文化创意产业的监管力度。很多学者对文化创意产业集群和政府关系进行了研究。国家主义学派认为，政策是产业集群发展的主因，他们讨论的重点不是干预与否，而是干预多少。由于集群发展情况不同，政府应该扮演的角色也不同，但都应该处于主导地位。政府应该根据集群的不同阶段，直接给予赋税、土地与厂房等优惠，加强其与公立研究机构的互动。从各国文化创意产业的成功经验可以看出，在区域不平衡发展情景下，政府对产业发展的调控作用被放大，政府以公共管理者的身份建立公共机构及行动准则，促进产业集群的形成。

(四) 人才支撑因素的影响作用

很多学者研究了创意人才对文化创意产业集群形成的影响。Florida (2002)在《创意阶层的兴起》一书中对"创意人才"作出了定义。创意人才特指从事提出新观念、创造新技术和发明新的创作性内容工作的人。他认为,创意人才是创意产业区形成的根本动力,他们倾向于 3T(技术、人才、包容)指数高的地区。由此形成的集聚区是文化和思想相互作用,外来者迅速成为内部人的地方。创意阶层的兴起也成为文化创意产业集群形成的核心动力。诺贝尔经济学奖得主 Robert Lucas(1988)论证了"人力资本的集中能提高生产率、推动经济成长"的假设。他认为,企业集聚的主要原因是期望从当地高质量的人力资本中获得收益。Florida (2002)指出,世界经济已进入"创意经济时代",吸引和留住创意人才是国家间经济竞争的重点。厉无畏(2005)提出,创意人才是构成创意生产力的基础要素,完整的文化创意人才链条包括创意生产的引导者、生产者及销售者。对于知识密集型产业来说,人力资源是产业核心竞争力的来源和载体,是从事创意集聚活动的重要资源。从区位理论来看,知识资源禀赋状况、劳动力的地理分布是产业区位选择的重要参考因素。国际化特征明显、经济中心城市的文化创意产业更加发达。究其原因可以发现,这些城市人口的重要组成部分是新移民。新移民来自各地,具有多元文化背景,会在日常的文化交流中产生新的创意。同时,在发达的教育背景下,国民素质和创造力的提高为文化创意产业的可持续发展奠定了基础。

二、文化创意产业集群形成的影响因素作用机制

(一) 文化创意产业集群形成的影响因素

本书借鉴毛磊(2010)的文化创意产业集群形成与发展的影响因素分析模型,从历史资源、经济基础、政府支持、人才支持四个方面分析文化创意产业集群的成因。这四个维度组成了文化创意产业集群形成的影响因素作用机制(见图 6-1)。

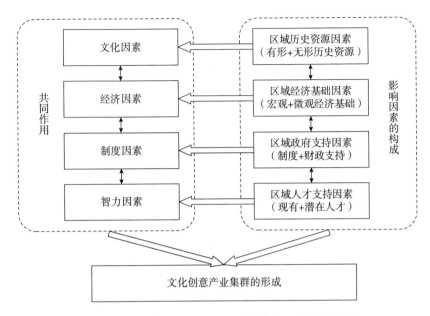

图 6-1　文化创意产业集群形成的影响因素作用机制

(二)构建文化创意产业集群形成的影响因素指标体系

通过对影响国内外文化创意产业集群形成的共同因素进行梳理和总结，本书提出了文化创意产业集群形成的影响因素的四大维度：历史资源因素、政府支持因素、经济基础因素、人才支持因素。随后，依据这四个维度提出了有形历史资源因素、无形历史资源因素、制度支持因素、财政支持因素、宏观经济基础、微观经济基础、现有人才因素、潜在人才因素八大类影响因素，构建了文化创意产业集群形成的影响因素指标体系(见表6-1)。

表 6-1　文化创意产业集群形成的影响因素指标体系

历史资源因素	有形历史资源因素	①当地具有自然资源禀赋优势 ②当地以文化形态存在的社会资源丰富 ③当地文化创意产业的相关配套设施齐全，公共服务设施完善
	无形历史资源因素	④当地地理位置好，有适宜创意人才生活的环境 ⑤当地历史文化悠久，品牌示范效应明显 ⑥当地文化氛围浓厚

政府支持因素	制度支持因素	①当地政府鼓励发展创意经济，制定明确的政策给予指导 ②当地知识产权保护政策健全 ③当地政府积极做好公共产品供给 ④政府鼓励兴建基础设施和产业园区
	财政支持因素	⑤当地政府有专门针对文化创意产业的投资 ⑥政府给予融资借贷优惠 ⑦政府给予税收优惠
经济基础因素	宏观经济基础	①当地具有产业集群发展所需的厂房、土地等 ②当地金融市场繁荣，融资渠道多样 ③当地信息沟通渠道畅通，交通、通信网络发达 ④当地交通便利，运输成本低 ⑤当地居民生活富裕，文化消费需求量大
	微观经济基础	⑥当地与文化创意产业相关的上下游企业合作能力强 ⑦当地具有创新力、示范力强的行业带头企业 ⑧当地管理咨询机构及中介机构的服务完善 ⑨当地文化创意企业实力强大、发展成熟
人才支持因素	现有人才因素	①当地具有充足的专业人才和劳动力 ②当地创意人才间的信息沟通渠道畅通，形成了社会关系网络 ③当地拥有高新技术产业集群 ④当地该行业内拥有创新力、示范力强的企业家和行业代表人物
	潜在人才因素	⑤当地文化教育事业繁荣，文化人才培养机制完善 ⑥当地居民受文化教育程度高，思想观念强

三、不同阶段推动产业集群形成和发展的影响因素

产业集群的发展进程分为萌芽、成长、成熟、衰退四个阶段。在产业集群形成的每个阶段，都有相应的不同因素影响其进程。

（一）在萌芽阶段，区位优势、自然资源优势等关键因素促成了产业集群

产业集群在特定区域形成并非偶然，其由主导性的关键因素作用而

成。这些关键因素主要包括三种：其一，特定的优势，如区位、劳动力、资本资源、自然资源、技术等。其二，优质的生产环境。这种生产环境既可以是人文环境，也可以是社会环境，包括人文环境中的冒险精神，社会环境中的基础设施环境和地区政策影响等。例如，美国硅谷吸引众多企业，形成产业集聚。其三，大量的市场需求。苏州电子产业就是典型的成功案例，厂商基于长三角庞大的市场需求选择该地区。在萌芽阶段，具有关联、配套设施，甚至存在一定竞争关系的诸多小企业为了减少生产成本，提升市场竞争力而集聚到一起。推动这些企业实现发展目标的因素包括地域优势、优质的生产环境和足够的市场需求。但是集聚企业的经济联系并不密切，集聚效应无法得到充分体现，因此尚处于产业集群发展的初级阶段。

(二) 在成长阶段，企业追求的外部规模经济效应推动了集群发展

在产业集群的初级阶段，有关企业在某个关键性因素的作用下在一定空间内集聚，并在其后的发展过程中逐渐追求外部规模经济和范围经济。这种经济是由专业化分工带来的，并且它的实现与企业的空间集聚紧密关联。因自身实力的缺陷，很多企业无法凭借内部扩大来实现规模经济与范围经济的目标，所以它们只能选择与其他企业协作发展的道路。这对相关企业提出了较高的要求，它们要快速融入集群内部，既要与生产同类产品的企业建立联系，又要与价值链上的核心企业相连接。通过与生产同类产品的企业协作，能够扩大集聚企业间的生产规模，较大幅度地降低产品的生产成本，在保证规模经济的基础上实现收益的日益增加，从而达到企业外部规模经济的目标。价值链上的核心企业基于专业化分工的原则，每个企业担任某一特定产品的生产工作或某一特定部分的增值工作，然后同其他企业协调分担整个价值链的活动，最终建立地域性生产体系。此操作能够完成产品的多样化生产，使产业集群内部实现范围经济，使单个企业达到外部范围经济的目标。参与协作发展的企业越多，其外部效应越显著，越能吸引更多的企业参与其中，从而扩大规模，促进集群的进一步发展。

除此之外，产业集群的上述运行模式还能降低交易成本。威廉姆森交易费用"内化"的推论是建立纵向一体化的大企业，在企业内部实行专业化

分工；集群就是依靠诸多中小企业及其在集群中的分工来实现降低交易费用的目标的。参与集群的产业能够迅速获取自己所需的零件、服务及中间产品，节约了多个环节所需的时间和费用。

（三）在成熟阶段，社会资本和社会网络的形成促进了集群的成熟和稳定

产业集群的形成在一定意义上增强了企业间的信任，相比纯市场关系中的机会主义和不确定性，大大减少了风险性。产业集群的专业化分工协作模式代替了传统大型企业的封闭式纵向一体化组织形式，形成了垂直一体化的企业网或企业链。由于产业集群中企业、机构间的交往不完全是市场关系，因此频繁的交往和相邻的地理位置增强了彼此之间的信任感，加快了信息、技术的交流和传播，提高了创新创业的效率。因此，依靠本地社会环境的产业集群通常拥有强大的根植性和网络性，能够使其在全球化竞争中争得一席之地。

（四）在衰退阶段，劳动力成本等关键因素的改变导致了集群的衰亡

产业集群发展到成熟阶段时，必须大力拓展国际市场，提升自身在国际市场上的竞争优势。如果无法达到上述条件，那将有可能因核心要素的变化而出现大规模的企业迁移，从而出现停滞现象，步入衰退阶段，最终走向衰亡。

第四节　基于城市群的文化产业集群形成机制与空间演化动力机制

集群理论的代表者波特和马歇尔从供应商和劳动力市场培育及隐性知识溢出等方面总结了产业集群形成的动因。目前国内关于产业集群形成原因的研究主要有以下三种类型：第一类是从产业经济学、新经济地理学和文化创意产业特性等角度开展的研究，代表性人物有张振鹏等（2011）、尹

宏(2022);第二类是从创新网络视角开展的研究,代表性人物有张梅青和盈利(2009)、董秋霞和高长春(2012);第三类是从组织系统理论的角度开展的研究,代表人物有王发明和蔡宁(2009)、赵观兵(2010)、毛磊(2010)。以上研究把中国西部地区城市群文化创意产业集群形成的动力机制归结为知识溢出机制和协同竞争机制两种。

一、知识溢出机制

知识溢出机制反映的是知识再造的过程。知识扩散的方式包括知识传播和知识溢出。知识传播是知识的复制,知识溢出则是知识的创新。文化创意产业属于知识密集型产业。企业在创新活动中所获得的新技术、新产品及新的管理方式等新知识外溢出去,转变为集群内的显性知识流和隐性知识流。显性知识流是指各类知识产权、外观设计专利和著作权。这些受法律保护的有形技术可以进行编码和传递,一般通过合法交易实现跨边界转移和扩散外溢。隐性知识流是指文化创意产业集群中特有的创意思维和管理方式,它们比显性知识流更具有价值。隐性知识流往往产生于各类协作分工活动中,从事创意工作的人一起工作、相互交流,形成鼓励创新的工作氛围,近距离的知识交互使隐性知识大量溢出。新经济增长理论强调知识溢出的作用,研究知识溢出对经济增长的贡献。知识溢出效应可用于分析不同空间经济增长速度。知识溢出越多的地区,获取知识的可能性越大,越会有更多的公司集聚于此。区域知识溢出的空间局限性、R&D溢出效应及技术外部性对空间集聚的作用导致在溢出知识集聚的地区,公司集中得越多,知识溢出活动的成本越低,溢出的集聚效应越容易产生。知识溢出过程具有激励效应、连锁效应、模仿效应和带动效应。罗默的知识溢出理论认为,知识是追逐利润的厂商进行投资决策的产物。知识因具有溢出效应而区别于普通商品。

与传统的工业化产业集群相比,文化创意产业的发展取决于人力资本而非物质资本。创意人才的知识和技术是文化创意型企业的核心资源。知识溢出的途径主要有企业间的知识溢出、集群外部辅助网络向集群内部的知识溢出、人力资本在集群内部企业间流动、创意人员间正式或非正式的沟通。人力资本的自由流动实现了知识的扩散；企业间的合作创新及为同一创意方案的沟通协作，衍生出了新的知识契合点；新创意人才和人力资本的流入，带来了知识的更新。

依靠这些活动，集群内的知识溢出加速了知识的共享与新知识的产生。文化创意产业集群形成的前提是知识能够交换和溢出。企业在地理空间上的集聚为知识溢出提供了温床，知识溢出机制能保证集群的创意源源不断，因而它为集群形成提供了重要的动力机制。

二、协同竞争机制

协同竞争机制描述的是"协同"与"竞争"这对对立统一体相互作用、相互依存的一种状态。1977年，哈肯在《协同学导论》一书中提出了协同学的理论和方法。从狭义上看，"协同"与竞争相对立，包括合作、互助和同步等行为；从广义上看，"协同"是指为了实现系统的总体目标，各子系统相互协助、相互支持，实现系统整体的良性循环。亚当·斯密第一次系统研究了"竞争"在经济发展中的作用。他认为，经济主体在实现自身目标的同时追求社会效益的最大化。之后，熊彼特提出了"创造性破坏"的概念。旧的经济结构会被企业家不断延伸的创新活动打破，新的经济结构应运而生，在这个过程中企业关于成本和质量优势的"竞争"会出现。熊彼特（1934）认为，市场经济过程中的新商品、新技术、新供给来源的竞争和新组织形式的竞争是创新的重要源泉，"创造性破坏"比价格竞争更重要。

协同竞争机制描述了相关联的企业在追求系统的整体平衡和有序结构的同时，在价值创造上出现的协同与竞争并存的规律。集群内各企业间既相互竞争又相互合作，实现了一种长期性的、基于彼此信任或承诺进行的无契约性的交易方式。当集群面对外来竞争者时，集群内各企业的合作表现出竞争优势。集群内的竞争对手之间不仅是敌人，也是战略伙伴。协同竞争机制是知识经济时代企业群体竞争观念的创新，能带来一个有机的、相互依存和相互作用的产业集群。"协同"和"竞争"的对立统一是社会演化的动力源泉。集群子系统之间的竞争使系统内部出现了非均衡性状态，非均衡性状态又进一步加剧了集群的内部竞争。子系统之间出现的协同动作使某些企业联合起来，占据了支配系统的优势地位。协同与竞争推动系统向有序化发展：竞争的压力促使企业加大对创新行为的投入力度；协同的创新活动实现了各企业的同步联合，有利于创新环境的形成，使各企业共同构建了集群网络创新体系。网络创新体系能进一步提升区域的创新能力，通过技术创新使集聚区获得可持续发展的根本动力。集群的竞争优势具有磁吸功能，它能对区域内外的人、财、物和信息等有形或无形资源产生吸引力。因此，协同竞争机制是产业集群形成和发展的动力源泉。

第五节　文化产业集群的发展模式与管理运行机制

一、文化创意产业集群的发展模式

特色产业在特定空间内集群发展是构成区域竞争力的极为重要的因素。改革开放以来，我国形成了多个不同类型、层次和规模的产业集群。在各地具有资源共享优势和以技术创新为推动力的产业集群颇受欢迎。按照主导力量，可将文化创意产业集群的模式分为四种：自发形成模式、政府规划模式、自发形成与政府规划协同模式、政产学研结合模式。

自发形成模式按照租金、文化底蕴、导向等因素可分为地理趋同模式、文化趋同模式及市场引导模式，典型的有北京宋庄、798 艺术区及上海田子坊、M50 创意园。

政府规划模式是被政府制定的一系列税收、人才、技术等优惠政策吸引入驻的企业所形成的模式，有利于促进区域产业升级，典型的有 DRC 工业设计创意产业基地。

自发形成与政府规划协同模式是基于自发形成的集聚区域，在达到一定规模后通过政府部门的干预和介入、积极引导而形成的模式，有利于加强公共基础设施建设，培育良好的人文环境。

政产学研结合模式是由政府牵头，依托大学和科研院所的智力资源，旨在促进成果转化、提高创新能力的耦合系统，典型的有美国的硅谷、我国的张江高科技园区和中关村科技园。付永萍(2013)、管志杰(2009)、江凌(2013)按这一划分依据，结合实证案例展开了具体研究。

此外，按资源利用状况，可划分为依托原有资源模式、改造旧有空间模式、全新规划建设模式，如孔建华(2008)、方田红和曾刚(2013)分别以北京、上海为例进行的研究。

二、"两翼推进"与"五星共建"文化产业集群运作机制模型的构建与诠释

集群作为一个不断演化的经济系统，具体指的是经济关系在产业专业分工下的地方化现象，是历史选择和制度不断深化发展的结果，是在地理上邻近且具有产业联系，并嵌于共同社区环境之下，由企业和关联性组织机构共同构成的有利于知识、技术、生产营销等创新得以扩散和传播的一种经济社会结构。界定文化产业集群需要对文化产品的特质进行分析。例如，文化产品不仅是"含蓄文化"(抽象价值)的折射物，也是"记录文化"的具体呈现，突出理解和意义方面的问题是很有必要的。文化产品价值生产的最大障碍在于"魅力思想"的创造，"限制性生产"是其中一个不错的选择。

文化产业的核心要义在于社会意义的生产，文化产业作为经济产业的一部分，其独特之处就在于它是与社会意义的生产联系最直接的产业。在经济价值之外，文化产业的价值观念本身对社会也非常重要，再结合以上经济社会学关于集群构建的"嵌入性"强调，本书认为，作为一种基于嵌入性网络的经济社会建构，文化产业集群是集群的特例，具有集群的一般特征，同时也具有一般工业产业集群欠缺的，可以共同指向经济发展、文化参与和社会融合相协调的特质(如观念价值和社会意义的创制)，其行动者不仅由供给文化产品和服务的企业及其配套或关联企业(组织机构)构成，也由"创意阶层"等支撑力量组成。具有竞合关系的文化产业集群兼具创造、投资、制造、销售、服务、传播等功能。

受波特（2002）"钻石模型"的启发，关于文化产业集群运作机制，本书提出一个以"两翼推进"与"五星共建"为标志的运作模型。顾名思义，此文化产业集群运作机制模型中的政、研、产、社、传五个组成部分相互依赖交错，建立建设性与行动性的"对话"关系，共同影响并促进了文化产业集群的成长与发展。例如，该模型致力于集群必需的投入要素、信息、激励方式、创新条件、公共品建设、专业化服务和制度的供给与营建。与此同时，该模型也指出，文化产业集群的运行常处于一种循环状态，且该循环处于持续演进过程中，它以创意特质为思维根基，以服务特质为能量导向。

（一）"两翼推进"：文化产业集群运行的理念准则

"两翼"是指创意和服务。创意与原创性、新颖性、想象力、独创性、灵感汲取等相关，它具有一种使行动者富有想象并可以有效表达观点的内在特性，当这些观点和知识联系起来时，即可以构成创意资本的核心，与经验、文本及对文本的解释相联系。创意指的是新想法的提出及其在文化产品制造过程中的运用与功能发挥，其间，知识产权与观念和技术创新是整个制造过程中内容创作和发行的关键所在。创意是财富的关键来源，也是最根本的经济资源。

文化产业集群的构建就是创意社会架构与宽容的经济社会文化环境的构建。服务指的是双向服务关系。一是指服务于集群自身公共成长平台的基础设施和服务供给较为优质，且关联性辅助产业具有竞争力，可以产生提升效应（波特，2002）。二是指该服务包括面向受众（消费者）的特性，这是因为在工业制造业时代，生产是增值的关键，而在文化产业兴起的时代，作为既追求自由又追求舒适的群体，消费者在产业发展中可以起到引领性的作用，消费才是增值的关键所在，且生产者和消费者在工业制造业时代以行动为主、以行为为次的关系已经演变为一种平衡关系，应当把消费当作行动而非行为。于是，和受众在一起成为一种必要。因此，有必要构建一种可以真正面向消费需求的动力机制，在市场需求满足方面"接地气"。这是因为文化消费需求是文化产业集群发展的内在动力，在文化产业集群内，文化生产和消费合二为一，这与一般工业产业集群着力于生产有所不同。

（二）"五星共建"：文化产业集群运行的路径取向

集群模型中的"政"主要是指政府及政策，政策的制定和选择对文化产业集群发展的影响举足轻重。这是因为正处在转型和发展过程中的中国文化产业的发展周期与政治周期有着密切关联，其将在经济必然性之上显示出波浪式发展态势，而"一个社会是专注于知识产品的剽窃、模仿、盗卖，还是有能力做长期的研发、大胆的创造，取决于文化政策的优劣"。从理论上讲，在文化产业集群构建过程中，政府在集群创新平台搭建过程中应发挥"牵线人"的作用，既不宜直接介入集群竞争过程，也不宜在扶持目标或补贴等方面走向另一个极端，而应当致力于集群生产率增长环境的改善。例如，在生产要素投入方面，可以务实有效地开展人才引进工作，如对引进人才及其家属实施"弹性户籍"管理，以积极稳妥的方式帮助引进人才解决与户籍有密切关联的生育、教育等问题。这是因为在一定意义上，文化产业集群就是创意人才的集群，富于创造力的人力资本格外重要。为充分发挥创意阶层的集聚效应，政府应努力构建开放、多样、宽容的人才体系，更好地吸纳、留住创意人才，从而为产业结构的优化升级提供动力源。换言之，就文化产业集群构建而言，政府在制定吸引企业政策的同时，也要制定好吸引创意型人才的政策，以更好地服务于文化创意的开发（王丽君，2007）。

集群模型中的"研"指的是围绕技术创新与管理创新开展的研发、培训、咨询等活动，包括博瑞等（2003）提出的"用中学"与"干中学"等动态研发方式，该活动致力于为集群内企业和集群全体提供一种持续性的创新原动力。

集群模型中的"产"指的是受市场经济规律支配的企业生产经营活动（包括流通、分配与消费等），在这一过程中，为激发文化市场活力，创意价值（如知识产权保护）、技术手段、产品载体，以及包括投融资在内的市场平台可以相互融合、共生共荣。市场应在资源配置中发挥决定性作用，有无高度发达的市场是衡量文化产业集群发展情况的一个有效指标，这一层面的市场包括市场规模的大小、市场份额的多寡、市场增速的高低，以及从国内市场需求转换到国际市场需求的可能性等方面。

集群模型中的"社"指的是社会中间力量，尤其是集群内从事相关服务活动的非营利机构，如行业协会、职业协会、消费者协会、标准制定与仲裁机构等中立性或准中立性社会组织及其构建的社会关系网络。从经济社会学视角观察，只要"嵌入"适中，这类中间力量就可以成为集群内一种颇具竞争力的社会资本，在文化产业集群发展过程中发挥协调者作用，它们是集群竞争性制度环境的积极建构者之一。

集群模型中的"传"指的是传播，此处取其本义，即传送、交换和分享，指的是文化产业集群具有促进经济发展、文化参与和社会融合协调共生的特质，既追求物质财富，也追求象征财富，如价值观念和社会意义的生产创造，而且这一融合功能又与某一地域既有的经济、文化、社会结构的构建及其演化相联系。换言之，文化产业集群具有推进文化政策目标与产业商业目的融合共进的功能需求，这是因为就文化产业发展而言，产业化是一种手段，文化和社会的发展才是目的。另外，作为一种新的发展范式与发展理念，文化产业发展和振兴的意义不仅在于扩大就业、增加收入、拓展贸易等，还在于其可以加强特定区域社会文化认同与创意能力，促进文化沟通和文化融合，继而在社会互动基础上增加社会包容性与社会凝聚力。换言之，文化产业集群发展和振兴的意义既体现为推动经济增长，又体现为推动社会文化发展转型，有助于区域形象和民众生活质量的提升。至于文化产业集群这一传送、交换和分享功能的可能实现途径，既可以通过狭义的"传播"来实现，如宣传、展示、推介等（尤其应关注既是产业又是传播介质的传媒产业，其中，反复性和长期性是文化产业创意品的功能与价值观念得以发掘的两大特质），也可以通过广义的基于文化产业集群"集体财富"（如集群信誉）的诸种溢出效应去实现，如产品溢出、知识溢出、艺术溢出、网络溢出等。

第六节　本章小结

本章以文化产业集群生命周期及主要经济理论为理论背景，首先研究了基于城市群的文化产业集群的演化过程及主要特征。中国西部地区城市群的文化产业集群是一个有生命力的群落，具有一定的生命周期。区域特色产业从集聚到集群的演化可划分为萌芽期、成长期、成熟期和衰退期（二次成长期）四个阶段，在不同阶段，产业集群的特征各不相同。其次分析了文化创意产业集群形成与发展的影响因素及其作用机制。最后研究探讨了基于城市群的文化产业集群的形成机制与空间演化动力机制、文化产业集群发展模式，以及"两翼推进"与"五星共建"文化产业集群运行机制。

第七章

城市群与文化产业集群的互动关系研究

第一节　城市群与文化产业集群的关系模式

城市群的出现一般伴随着产业集群，产业集群的形成与文化集群密切相关。城市集群，即城市居住空间的集聚；产业集群，即经济的集聚；文化集群，即生活方式的集聚。

如图7-1所示，城市集群的出现往往是产业集群发展的结果，在一个地方产生产业集聚，进而会形成城市集群，如关系线a，珠三角地区城市集群的发展壮大就是典型案例。城市集群的出现，为生活在产业集聚区的人们提供了生活居住的空间。围绕居住于城市群的人们的生活方式，集聚起来便形成了相应的文化产业集群，以满足其物质和文化生活的需求，如关系线b。文化产业集群的出现及其发展水平与产业集群的升级有着密切关系。城市集群的出现为人们提供居住空间，生活于其中的人们形成特有的文化，如关系线c；反过来，文化产业集群对城市集群的升级转型具有极大的作用，如普通城市群向创意城市群努力。文化产业集群的形成离不开城市集群的动力，城市集群以其规模、人才、基础设施的优势吸引人气，中心城市的文化产业集群对附近城市的溢出效应非常明显，可以显著提高整个区域内城市群的层次和水平。城市集群为文化产业集群提供了现实的发展空间，文化产业集群则为城市群增添了特色。例如，呼和浩特乳业集群的出现，巩固了呼和浩特中国"乳都"的地位，内蒙古的草原文化通过呼和浩特向鄂尔多斯、包头附近的城市辐射。文化产业集群一般通过产业集群间接作用于城市集群。

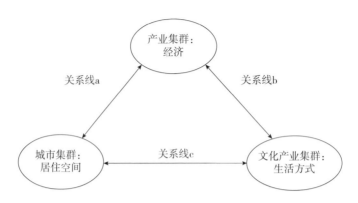

图7-1　城市集群、产业集群与文化产业集群的关系

一、文化创意提升城市群空间再造的品质

空间是城市最宝贵的资源之一，这不仅是指特定的物理空间，更是指蕴含了社会意义的多维集合，有一种要素是实现其整体性的关键，即文化。文化创意是城市空间的灵魂。现在部分城市的规划存在一些问题，千篇一律的高楼大厦，失去了城市原有的文化特色和底蕴。在追求现代化的时候，如果没有和原来的传统文化底蕴结合起来，那么这种现代化便是脱离人民文化心理的现代化，是与当地文化历史不相符的现代化。它不符合人民潜在的文化心理需求，不能满足人民对文化生活创新的需求，会打破城市应有的氛围，引发人的不适心理。世博会展馆蕴含的文化创意所折射出的城市空间的生产力同样与其中的文化创意亮点成正比。例如，中国馆的"东方之冠"、英国馆的"种子圣殿"、西班牙馆的"藤板宫殿"，这些寓意深远的"符号"强烈地体现了文化创意与城市生产之间的关系。符号是最具代表性的文化创意元素，它凸显了文化符号在空间生产中的关键地位。

文化创意是城市空间的灵魂，是城市化的关键，是历史潜意识和民族心理的物质表达。文化创意能够提炼城市所蕴含的智慧密码，需要极高的创造力，是对物质空间的一种文化再造，是在传承基础上的创新，是新的时代文化与城市发展模式的契合，是以文化创新为核心，重新开发城市空间。

二、后工业时代城市多中心组团（城市群）的出现

从单个中心城市到城市群，文化产业集群推动了城市群的出现。文化产业集群促进了城市群的升级换代。城市布局、产业结构、资源开发、生态平衡与人的经济活动密切相关。工业化早期的城市多采用单中心结构，工业经济中心是城市的人口密集区，工业化程度决定了城市的规模和空间，城市的行政和商业中心围绕工业区建设。

当跨入知识经济和后工业化时代，城市逐步形成多中心组团，它们把先进制造业和现代服务业作为城市的主要经济支柱，吸引的劳动力也逐渐倾向于知识型劳动者，同时构建出一种能够吸引知识型劳动者的城市服务系统，包括文化服务，把先进制造业和金融、科技、文化、旅游、商贸、教育、保健等现代服务业组合起来，又以绿化带环绕，形成新型城市组团，并与城市群的其他节点相联系，逐步走向大城市区域。

三、城市群消费的高级化促进文化产业集群升级

在文化产业链中，消费是第一驱动力，因此不应该仅仅重视研发和生产，消费拉动也非常重要。在不同的经济发展阶段，消费的特点也不同，因为消费在升级换代，所以不同时期的消费特点不同，对应的文化生产也不一样，相应的文化产业链自然也不同。农业文明时代、工业文明时代、后工业时代及信息化时代消费群的特点是不一样的，文化产品的特点也不相同。城市群的发展伴随着经济的进步，带动了消费的升级，也刺激了人们对文化产品升级换代的需求。不同时代的人们喜爱的歌曲类型不同，喜爱的歌星风格区别也很大。在文化产业链中，经济发展推动了时尚变迁，时尚和品牌也会促进城市群风格的更新，城市群风格的变化会导致经济的发展，这是一个循环的过程。随着经济的发展，时尚消费的主要力量在更新，它们带动了城市主流生活方式的变迁，推动了文化产业集聚向新的等级和形态发展。

第二节　文化产业集群对城市集群转型升级的作用

一、文化产业集群

英国 NESTA 基金会的研究报告《创意增长——英国如何发展起世界水平的创意经济》指出，政府的管理与协调部门、企业、大学和研究机构、中介组织是文化创意产业集群发展的四大主体，它们之间的组合和创新催生了各种创新活动，推动了研究成果转化(见图7-2)。

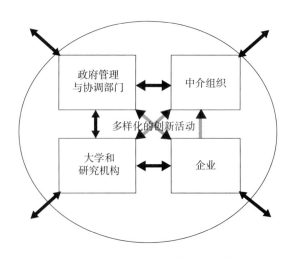

图7-2　文化产业集群的内部结构

文化产业集群发展应该鼓励园区主体尽快建立创新型组织架构，让所有参与其中的企业和个人能够释放出更为强大的创新活力，发挥"1+1＞2"的集聚效应，带动文化产业链的持续延伸和拓展，促进城市群的扩展。创新网络是指每一个区域的行为主体(企业、大学、研究机构、政府、中介组织及个人等)，在长期正式和非正式合作的基础上，不断进行创新，开发相对稳定的系统，它能够在区域内塑造独特的竞争优势，凝聚多元主体，合力创新发展。

大量实践证明，文化产业不等同于纯粹的商业活动，文化产业是产业链、学习型网络和人文精神的有机结合，其活力源于三大内涵的有效平衡：①产业链的运作。文化产业是以产业链为核心，由前端的创新创意、中间部分的制造和服务及后续的消费组成的庞大产业链，对文化产业集聚作用极大。例如，韩国影视文化产品的出口引发了"韩流"，带动了服装产业、电子产品、旅游产品等一系列后续产品的出口。文化产业对其他产业（如制造业、房地产业、餐饮业、旅游业等）的越界、延伸、推动、发展的作用非常明显，在一定程度上，文化创意会成为产业链发展的第一推动力。②学习型网络。文化创意产业因为自身的文化特色能够把各种类型的人才聚集在一起，形成共同学习、交流和协作的复合型网络，这些人才来自不同领域，包括策划、设计、工程、建筑、商务、艺术、投资、媒体等领域，在开放、多元、包容的条件下交融合作，可以最大限度地激发创意成果源源不断地出现。③公益性服务。通过集群网络的扩散效应，文化成果慢慢渗透到周围人群中，其思想意识的外溢效应推动了公民文化权利的实现。

联合国教科文组织在《旅游、文化与可持续发展》这一报告中指出，全球范围内正在形成一个广泛共识，就是"发展"必须是经济、技术和人文环境的共同提高。文化是可持续发展的一种重要资源。文化资源最重要的价值在于保护和传承了人文遗产的多样性，文化多样性是实现公民文化权利的重要标志。

鉴于此，当前文化产业的集聚发展应将"集聚—开发创新活力"与"辐射—形成共享网络"结合起来。洛杉矶是美国电影产业的集聚中心，全球动漫游戏跨国公司迪士尼的总部就在洛杉矶的班伯克。班伯克并非围墙圈起来的电影工业产业园，而是一个管理全球性创新网络的智力中心。下属的迪士尼创意公司汇聚了创意、建筑、产品、项目、研发等部门，是文化、技术、管理的复合型创意中枢，这些公司经常邀请多国创意人士混合编组，在全球范围内吸收和提炼各种文化资源。

与传统观念所认为的建园区就是先造厂房、圈土地、招商引资的模式相反，新型的非实体型文化产业基地模式，突出专业化、市场化的服务，以及服务平台、交易中心、共享空间的作用，以孵化器和加速器的面貌出现。非实体型文化产业基地模式所产生的综合效益远远超过工业园区模式。国家动漫游戏产业振兴基地作为第一个国家级动漫游戏产业振兴基地，是富于创新活力的非园区型基地，以专业服务机构为节点，联系广阔的国内外市场，集聚了一大批动漫游戏产业的研发和制造企业，最终形成了一个强大的产业集群。该基地建成了十大中心：创意中心、孵化中心、出版中心、会展中心、中外合作交流中心、教育培训中心、研发中心、金融服务中心、版权中心、数字娱乐播出中心，从多个环节促进了动漫游戏产业的发展。而且该基地还与上海联合产权交易所等联合建立了第一个国家动漫游戏产业产权交易中心，开启了动漫游戏知识产权、物权、股权、债权、虚拟财产等交易，吸引了大批国内外企业，形成了世界级的动漫游戏原创生产贸易基地。因此，文化产业集聚必须通过不断创新来推动文化产业链的延伸和集聚。

二、文化产业集群推动城市功能再造

经济发展推动文化产业出现、城市功能升级。"经济发展城市集群—文化产业集群—城市升级（再造）"的逻辑表明，先有经济发展，后有城市集群；当城市集群需要升级换代时，需要依靠文化产业集群的推动。文化产业集群主要是依托城市建立起来的，文化产业集群的发展必然与城市化的浪潮、城市的功能转型和再造联系在一起，从而推动城市升级再造。20世纪末以来，越来越多的城市需要进行产业结构的转型，淘汰污染重、产能过剩的低端制造业，发展先进制造业和现代服务业，包括文化产业。文化产业因为无污染、产业链拉动作用明显，对城市品牌的塑造成效显著，很多城市的转型都把文化产业发展作为一个重点。产业结构的转型必然带来城市功能的转型和社区的重建，文化产业的集聚发展成为城市发展现代服务业、建立新型服务功能和新型社区的推动力。

格拉斯哥是通过文化振兴和创意产业实现城市更新的典型代表。格拉斯哥位于苏格兰中部低地，是苏格兰最大的工商业城市和港口，20世纪以来，片面依赖制造业的长期局限性使总体经济发展遭遇瓶颈，逆城市化严重。市区的制造业岗位从1971年的30万个锐减到2001年的9.5万个，就业岗位流失引发了人口流失的恶性循环。为了扭转颓势，实现城市复兴，格拉斯哥自 20 世纪 70 年代中期起就开始了一系列探索，也走过了许多迂回曲折的道路。最初实施的"格拉斯哥东区复兴计划"并未给当地经济带来显著实效，直到 20 世纪 80 年代，复兴政策制定者才逐步抓住了完善公益文化事业体系的要领。公共机构投资改造旧的工厂、仓储建筑并出租房屋，改善公共空间，提升文化品位，开发新的旅游设施，为城市重新汇聚了人气。皇家苏格兰国家剧场、苏格兰歌剧院、格拉斯哥皇家音乐厅、公民剧院、Burrell 展览馆、现代艺术美术馆和圣蒙哥宗教生活及艺术博物馆、格拉斯哥电影院、当代艺术中心、灯塔建筑与设计中心和格拉斯哥科学中心成为这座城市的有机组成部分。1990 年，格拉斯哥继雅典、佛罗伦萨、阿姆斯特丹、柏林和巴黎之后，成为英国第一个"欧洲文化之都"，之后又被联合国教科文组织评为创意城市。它的口号是："将艺术作为推动都市重生的催化剂。"

日本名古屋从 1989 年开始便声称要成为一座"设计之都"，2007 年被批准加入联合国教科文组织"创意城市网络"。大约在 17 世纪，名古屋一带逐渐集聚成市，当地 1/3 的居民是德川幕府家族的后裔。二战后，名古屋经历了废墟重建的过程，市政府提出建设一个文化创意型城市的模型，追求城市设计感的崭新理念，名古屋把大量精力投入创意型社区的建设上，使名古屋成为一个广大民众"愿意居住的"国际化大都市。1996 年，名古屋正式建成设施先进的国际设计中心，出现了许多个文化和创意设计的集聚区，吸引了丰富的创意人才资源。从日本名古屋市、英国爱丁堡市和格拉斯哥市，到中国的成都市和深圳市，越来越多的城市把文化产业发展与城市功能再造结合起来，让文化产业集群成为城市的品牌。

目前，世界城市化水平的平均值为 49.5%，美国、日本、德国等主要发达国家的城市化水平已经达到了 66%，有的甚至达到了 81%。中国的城市化水平尚低于全球平均水平，但正在以每年 1% 的速度和规模加速推进。美国著名经济学家斯蒂格利茨（Stiglitz）把以美国为首的新技术革命和中国的城市化并列为影响 21 世纪人类发展进程的两大关键因素。

中国文化产业的集聚发展战略应该通过文化产业的集群建设来推动城市化的升级换代，在城市更新中实现产业生态、自然生态等的平衡。国家级文化产业示范园区华侨城进行了有意义的探索。2004 年起，华侨城集团积极推动深圳华侨城东部工业区的厂房建筑向以创意产业为主体的新空间形式转换。深圳城市化过程中曾经发挥作用的旧工业区已经落后于时代发展，需要升级改造，将部分工业建筑进行重新定义、设计和改造，打造新时代的文化创意产业集群，在实现经济发展的同时，营造具有后工业时代特色的新型工作、生活空间。华侨城通过吸引文化创造与设计企业进驻，逐步发展成为画廊、艺术中心、设计公司、艺术家工作室及精品家居、时装、餐饮、酒吧的集聚地，成为融合、设计、艺术的创意产业基地。OCT LOFT 华侨城创意文化园首期项目进驻了各类创意机构近 30 家，汇聚了艺术、设计、传媒、广告、摄影、文化等诸多创意机构。

三、城市群文化实力通过文化产业集群得以显示

以精神和知识要素为主的城市文化软实力是由丰富的精神活动和创造活动构成的，文化产业集群正是它的重要载体和核心内容。依托上海张江高科技园区而发展的张江文化产业园，给人们提供了非常有启发的案例。上海张江高科技园区自 1992 年建立以来，确立了"为中国培育具有战略性新兴产业特征的企业集群"的远大目标，以"中国的硅谷和药谷"而享誉世界。园区建立了技术创新、区域创新、知识创新三大体系，2010 年园区经营总收入达 1100 亿元，成为中国高科技产业化的龙头区域。张江文化产业园位于张江高科技园区内，以网络游戏、动漫、数字内容、新媒体为文化产业重点领域，致力于集聚促进创新、共享提升效率、叠加形成品牌、多元活跃创意、联动形成辐射的多重效应，以及"集聚—辐射、节点—网络、研发—转化、创意—时尚"的有机统一，通过产业网络化成为跨区域的产业龙头和示范中心。张江文化产业园以服务平台体系为支撑，加强孵化服务器建设，加快公共技术平台建设，帮助中小企业实现成果产业化。在国家相关部门支持下，"张江动漫谷公共服务技术支撑平台"项目获国家文化产业发展专项资金支持；"上海张江数字出版文化创意孵化器"项目获国家服务业发展引导资金资助。张江文化产业园综合各类服务资源，为企业提供 15 项基础孵化服务和 15 项专业孵化服务，搭建起可持续发展的良好产业环境，提升了创新型中小企业在园区落户和成长的概率。

张江文化产业园最突出的成果在于，培育了一批科技型、创新型、国际化的文化产业龙头企业。2015 年，张江文化产业园区的产业规模和影响

力持续扩大；新增入驻企业 70 多家，累计入驻企业 550 多家，涵盖数字出版、网络游戏、网络视听、互联网教育、文化装备、动漫影视等领域。年产值在 1 亿元以上的企业达到 21 家。"中国文化发展指数发布会暨中国文化发展论坛"上发布的中国文化发展指数显示，上海张江文化控股有限公司入选中国文化产业园区 100 强榜单，且排名第一。张江文化产业园以盛大网络、网易、九城等为首，云集众多网络游戏、休闲游戏、手机游戏的开发、运营及相关产业链企业。该园的动漫企业占上海动漫产业规模的70%，以炫动传播、河马动画、城市动漫、动酷数码、大模王动画等为首，集聚了大批本土原创、内容制作及相关产业链企业；该园的数字内容产业占全国市场的 10%，其中网络视听新媒体平台用户规模超过 1.75 亿，占全国市场的 42%，在网络视频市场的占有率达 60%。

英国国家科技与艺术基金会发布的报告《创意集群与创新》指出，文化创意产业把创意作为核心价值，以超越前人的创造为追求。现代文化消费者的需求越来越个性化和多样化，因而文化创意产业已经成为所有产业中最重视创新的产业领域之一。

第三节　城市群推动文化产业集聚

一、文化产业集聚需要以产业群和城市群为基础

通过产业群发展起来的城市群是文化产业集聚的基础。文化产业若要推动城市化，就要发挥文化创意产业的引领作用，通过产业链打造推动传统产业的转型升级，推动产业创新和可持续发展，实现产业转型和城镇化转型。产业强市便是由中国改革开放创造的一个独特路径。

改革开放 40 多年来，随着乡镇企业、私人企业的发展，山东、江苏、浙江、福建、广东等沿海省份的县域经济、镇域经济发展迅猛，环渤海、长三角、珠三角地区涌现出一大批实力雄厚的工业市(镇)，有的一个镇都可以比得上西部一个省级区域的经济实力，GDP 先是超百亿元，后来超千

亿元，产业强市（县）的作用显著。以广东为例，2010年广东省（包括东莞虎门、中山小榄、顺德北滘、南海大沥、顺德容桂等）GDP总量超过100亿元的专业镇达130多个，2021年超过300亿元的镇也已经渐渐增多了。再以广东东莞为例，2021年实现地区生产总值10855.35亿元，比上年增长11.26%，地区生产总值在200亿~300亿元的有麻涌、黄江、莞城、沙田、石碣、东坑6个镇（街道），地区生产总值在100亿~200亿元的有14个镇（街道）。广东形成了机械、五金、纺织、服装、家电、家居、电子、电商、旅游、物流等产业集群，发展成果显著，成为世界闻名的产业基地。现在我们虽然面临印度、越南等低成本制造业转移的威胁，但是由于我国具有产业链的良好协同效应优势，中国制造还是有优势的。这就是产业链的威力，单独一个环节的优势不足以抵消整个链条的运营效率优势。文化产业集群同样如此，在广东良好的制造业集群、服务业集群的基础上，文化产业集群也在迅速兴起。以"熊出没""喜羊羊"为代表的一批动漫产品之所以出现在广东，就是因为这里有良好的市场氛围、文化氛围，经济水平的提升更容易促进文化产业新业态的出现，难以想象在物质需求都满足不了的情况下会有良好的文化产品出现。经济发展也刺激了文化需求的发展，因而更容易促进文化产品的创新，带动文化产业链的兴起。

另外，许多产业强市（镇）面临产业升级和产业融合的巨大挑战。土地资源被大量消耗，GDP快速增长的代价高昂，2010年容桂镇已经消耗了土地资源的70%；以代工为代表的低端加工业在互联网的冲击下面临危机，品牌企业的倒闭会带来代工企业一连串的不良反应；城市服务功能滞后，许多专业镇偏重于工业开发，城市生活配套设施缺乏，造成城市不宜居，专业人才留不住，文化产业等新型现代服务业难以发展起来。这类地区要打造以时尚消费拉动、创意设计驱动的新型文化产业链，形成具有竞争优势的强化产业集群，以跳出低端模式，必须按照文化产业发展的规律进行规划和战略布局；要推动文化产业与区域特色优势产业融合，文化产业的发展必须立足于本地传统文化的根源，结合现代生活方式加以融合创造，这样才有可能避免重复、抄袭、假大空，使产业集群得以落地生根。民族的就是世界的，只有充分发挥本地的文化特色，结合最新科技和人们的新需求，才有可能推动企业升级，培育新兴产业。要先发展出有特色的设计、创意、时尚等企业部门功能，服务于本企业，然后逐步向社会服务推广延伸，在当地形成工业设计、创意开发、时尚传播等产业集群，最后自然会形成有特色和竞争力的文化创意产业集群，这是产业升级的过程，也是中国企业文化自觉和文化自信逐步觉醒和走向世界的过程。

苏州昆山市被称为"世界工厂"，同时也是著名的代工基地，昆山提出代工经济谋变必须立足产业、依靠创新，服务长三角和海内外，实施"昆山设计推进计划"。2012 年 9 月，依托上海创意产业中心、The One 异数宣言公司、浩汉工业产品设计公司等国际先进设计力量的"汇设计"昆山创意设计公共服务平台正式开始建设，总投资 6.5 亿元，目标是成为全球文创设计的高端平台。顺德乐从以亚洲规模最大的家居市场而著称，敢于向家居产业链的高端进军，由广东省科技厅和顺德区政府共建，由罗浮宫企业运营，总投资 6 亿元，建设了华南家具设计研究院和罗浮宫国际家具创意联盟，引入了意大利等国家的 300 多位家居设计师，是现代化的家居创意中心。

昆山希望依靠创新，走产业高端之路，通过设计、研发、品牌、营销、时尚等专业创造，推动"昆山制造"向"昆山创造"升级。昆山开发区改变了以返回现金、反馈纳税企业的传统做法，每年投入 5000 万元，设立"昆山设计推进计划项目专项资金"，以购买设计公司专业服务的方式发展创意设计产业，推动本地企业从代工向自主创新迈进，有力地推动了昆山文化产业的发展和转型升级。乐从是亚洲规模最大的家居市场，各国设计师之所以愿意会集此地，是因为在这里可以全方位地感受到不同层次消费者的多样化需求，从而激发创意灵感。

二、后工业时代的城市群升级需要文化产业集聚的推动

按照"文化产业集群—城市化升级"的逻辑，文化产业集群会改善城市的产业结构，弱化传统产业比重，提高新兴产业比重，以促进城市化的层次提升。通过发挥文化产业集群的引领和提升作用，传统产业集聚促进了第一次的城市化浪潮和人口集聚。经济水平的提升刺激了人们的文化需求，促进了文化产业的发展；文化产业的发展，则通过产业链传导效应带动了其他相关行业发展，优化了产业结构，提升了城市经济和城市化的层

次。文化产业本身对城市建筑的品质有着深刻影响，文化带动了相关产业的发展、集聚改善了传统的粗放式工业化城市发展模式，使城市的人文底蕴更加宜居、生态。文化产业的引领和提升作用推动了产业的创新升级，使城镇更加宜居和生态，能够实现产业和城镇的同步转型，这是新型城镇化的贡献。实践证明，文化产业与城镇经济升级具有内在的对应关系。

在城镇经济以农业为主的阶段，居民的需求主要是物质性需求，他们崇尚自然，与自然结合得相对紧密，但生产力水平比较低，这时候的文化娱乐要与其生活状态相适应，是生活性消费需求。在工业为主的阶段，受大规模生产和标准化的影响，居民追求效率，该阶段的文化产业主要是满足生产性需求。进入知识经济（后工业）时代，居民的物质需求基本得到满足，精神性需求上升到主要地位，此时的追求以品质为主，崇尚创新、多元交融、创意设计、数字内容等成为文化产业综合发展的内容。

中国沿海地区已经富起来的一大批产业强市（镇）进入第三阶段后，需要从工业阶段的生产性需求向后工业时代的精神性需求转变，此时迫切需要发挥文化产业的引领作用，依靠文化产业链带动相关产业发展、转型升级，取代传统产业，促进城市群的转型升级。文化产业可以为城市群的升级在创意设计、人才集聚、品牌提升等方面做出重要贡献。产业强市（镇）的企业（包括公司和个体产业者）既为大部分市民提供了财富，也影响塑造着他们的情感方式和人际关系。产业精神影响着城市精神，依靠文化产业发展带动其他产业升级，可以改变城市群的品质和精神面貌，影响着城市群未来的命运。集群式产业和城市群的互动式成长体现了中国改革开放40多年的经济现状，未来也会进一步在城市群提升和文化产业集群互动成长方面谱写新的篇章。这些城镇组成的城市群形成了强大的企业家群体，这些企业家群体被称作浙商、粤商、苏商、鲁商、闽商等。其中粤商的文化基因决定了广东经济的生命力，产业的文化基因又反过来决定了这些城市群的生命力。

产业强市（镇）组群在互联网时代面对着转型升级的重大挑战，需要转变生产方式和经济增长方式，由劳动密集型、资源消耗型产业向创新导向型产业发展。多数产业强市（镇）的政府、企业选择将文化创意产业作为转型升级的突破口，跳出低端模式的局限，发挥新产业的引领作用，带动制造业、服务业不断升级。根据《国务院关于推进文化创意和设计服务与相关产业融合发展的若干意见》，随着中国新型工业化、信息化、城镇化和农业现代化进程的加快，文化创意和设计服务已贯穿经济社会的各领域各行业，呈现多向交互融合的态势。许多产业强市(镇)都能够发挥文化创意和设计服务的高知识性、高增值性、低能耗、低污染等特征，推进文化创意和设计服务等新型、高端服务业发展，促进其与实体经济深度融合，提升产业竞争力。

第四节　城市群和文化产业集群的融合与互动

一、以文化功能为城市规划的基本要求

新时期文化产业集群发展对新型城市化意义重大，新型城市化坚持以人为本，以新型工业化为动力，以统筹兼顾为原则，以和谐社会为方向，以全面、平衡、和谐、可持续发展为特征，推动城市现代化、集群化、生态化，全面提升城市化质量和水平，走大中小城市协调发展的新型城市化道路。随着全球城市化浪潮的推进，不仅中国、印度、巴西等国家需要逐步提高城市化率，英国、德国、美国、日本等发达国家的许多老牌工业城市在进入互联网时代后，同样面临推动产业结构调整和城市功能再造的任务。据国家统计局数据，2021 年末中国常住人口城市化率达到 64.72%。中国的城市化率正以每年约 1%的速度增长。

英国学者兰德勒指出，所谓心态，就是人根据价值观、人生观、传统与抱负，基于现实与理想，构建其世界的秩序，确定他们抉择的方式。心态是一种惯性、方便的思维方式，也是决策的指南。它不仅决定了人在其狭小、地方性的世界中如何行动，也决定了他们在无所不包的阶段如何思考与行动。文化产业发展对城市化的贡献应先从改变人的心态开始，这是硬件(设施与空间)、软件(制度与管理)、心件(心态与能力)相结合的过程。新型城市化要求城市的主体(人)增强对城市发展的自信和自觉，摒弃

过去大量消耗资源和空间的发展理念，转变到坚持以人为本、可持续发展的模式上来。新加坡政府所提倡的"心件"相对于我们更多地强调"硬件"和"软件"而言，是独特的制度和无形特征。"心件"是包括社会凝聚力、政治稳定、集体意志、共同价值观等在内的社会无形资源，是"和谐"的主要内容，政府的公共服务就在于强化"心件"。大量事实表明：当一个城市在进行深刻转型时，仅仅依托基础设施改造、投入大量资本是远远不够的，还必须使基础设施、政策框架、技术条件、文化氛围等软性资源达到和谐统一，这就是文化的贡献，表现在文化产业集群发展的规模效应和带动作用上。柏林是德国第一个被联合国教科文组织命名为"设计之都"的城市，它通过文化创意产业集群吸引了大批文化创意人士和知识型劳动者，为柏林的转型和提升做出了重要贡献。柏林专职从事设计方面工作的人员达1万多人，艺术家达2.4万多人，600多家设计公司每年的营业收入高达几十亿欧元。正如"创意柏林"的董事阿莱斯·卡兰蒂德斯所说："柏林这个名字就是一个品牌，是每件产品的附加值。"位于柏林的德国建筑中心迁入了一个五金加工厂的厂区，于是吸引了许多建筑师、城市规划师、艺术家工作室及设计公司集聚于此，形成了一个新的城市功能组团。柏林原能源公司的一个变电站是20世纪20年代遗留下来的一座工业建筑，从2000年起转变成为世界上收藏工业造型与家具最著名的场馆之一。

城市文化产业发展的一般规律是，在起步阶段以某一个产业为主线，通过它的产业链延伸和拓展，带动一系列的配套企业、服务机构形成集聚，然后进一步带动相关的行业一起发展，进一步扩大相关产业的集聚，在一个特定空间形成文化产业的集聚优势和规模优势。集聚产生的原因或许是某个带头企业考察当地商务环境后做出的自然选择，也可能是企业家对此情有独钟，抑或当地政府的有意推动和扶持，通过新兴产业发展开辟产业升级、创新创业的新空间。无论以何种方式产生，在这样一个特定的空间中，文化产业的创意要素集中整合、有效流动，不断碰撞出新火花、新创意，空气中流动着各色企业的需求信息，吸引着更多创意机构、企业、工作室在此集聚，并建立信息共享、合作交易的创新网络，逐渐形成具有独特文化特色的空间。城市规划需要适应特定文化发展规划的需求，这样有可能发展出自身的特色，而不是千篇一律的城市化。

二、以传承创新为城市文化的开发路径

亚里士多德说过："人们为了生活，聚居于城市；人们为了生活得更好，居留于城市。"城市积存了大量的文化遗产，而这些文化遗产成为城市群塑造自身文化特色的智慧宝库。城市的目标是塑造比其他城市更适宜居住的环境和更高品质的生活，以吸引新企业的加入、新人群的定居。发达国家城市化的主要特点是起步早，城市化水平高。但是在工业化后期，这些国家出现了逆城市化现象，富人为了更适宜的居住环境走向郊区，大城市因传统产业的衰落人口明显减少，大量人口由中心城市向郊区及乡村迁移，有些工业人口回归农业。2008年全球金融危机之后，很多行业就业人口减少，但农业就业人口反而增加，不少乡村打工者回归乡村，投身于绿色农业、养殖业等，促进农业升级，也发展起观光农业、休闲农业，并带动相应风景住宅的开发。工业制造业部门受制于成本压力纷纷离开城市，向中小城镇及乡村地区转移，导致当地人口增加，城市化区域扩大。逆城市化现象最早出现在北欧和西欧，20世纪70~80年代席卷了法国、德国、意大利、英国、美国、日本等多个发达国家，在西欧和美国表现得较为突出。城市因其具备的政治功能、经济功能、文化功能、社会功能、居住和消费功能等吸引了大量人口聚居，一旦达到临界点，就会走向反面，产生不良效应，如拥堵、污染、居住成本高昂等。人、城市和空间是相互联系的，城市因其特定空间而凝聚人群和产业，提供人们所需要的物质和文化生活，推动人类发展。人在物质需求被满足后文化需求会迅速提高，城市便为这种需求的满足提供了产业发展、消费消遣的空间。

以往城市发展的历程表明，文化功能作为软实力，始终是推动城市进步、支撑城市存在的无形力量。逆城市化趋势的出现客观上反映了文化产业发展的滞后，不能满足人们相应的精神需求，是功能的滞后与缺失。必须重新振兴文化产业，重塑其对人口的吸引力，弥补城市不能满足经济、社会与多元文化协调发展的缺憾。许多地方政府已经意识到把艺术创造、创意开发和城市建设、功能升级联系起来的重要性，迅速将目光投向城市文化功能的挖掘上，通过振兴文化产业带动城市升级，提升对人们的吸引力，于是出现了顺应城市功能的再造和转型的世界趋势。

城市文化功能的重塑需循序渐进。作为历史文化传统、文化要素高度聚集的中心地，与农村相比，城市的文化创新优势更显著，可以通过整合所在区域的文化资源、创意要素，促使城市产业升级，激发文化创新活力。例如，联合国教科文组织评选出的创意城市，包括英国的格拉斯哥、爱丁堡，日本的名古屋，美国的圣达菲，中国的北京、上海、广州、成都、深圳等，它们都有各自的特点与个性。当今世界有一半以上的人口生活在城市，创意城市的概念具有重大影响。城市通常被认为具有很强的历史和文化背景，但它们也应该去探索新的地平线。作为文化多样性的实验室，在一个全球化的世界里，它们被文化认同的需要所奖励，创意可以来自任何一个用创新方法解决问题的人，他可以是一个社会工作者、一个商人、一个工程师、一个科学家或一个公务员。有趣的是，城市是一个联合团队，集合了不同见解的人，激发出了最有趣的观念和计划。正因为如此，联合国倡导的创意城市不仅具有文化产业的经济价值，而且尊重各国人士的创意，还推动了全球范围内多元文化的发展。

三、尊重城市发展文脉，塑造城市品牌

区域发展是一个自然历史过程，有其自然规律，文化的传承和延续有特殊的规律，这种完美的延续体现在有形物质和无形精神当中，它们的更迭要遵循市场规律，不能因为错误的发展理念而造成文化命脉的断裂。城市规划是一个系统工作，要树立系统思维，对事关城市发展的重大问题进行深入研究和周密部署。

要尊重区域发展文脉，加强文化规划的系统性，提升区域城市化发展的积极性，以特色为根。城市之间的竞争正在从经济竞争走向以文化为核心的综合竞争力竞争，每个城市都有其特别的文化脉络和发展方向，因为地理区位、资源禀赋的不同，造就了不同的面貌和气质，这是区分彼此的根本。强调文化在城市发展中的作用，是建立在城市文化自信和文化自觉的基础上的，切忌千篇一律、掩盖特色，要仔细对自身禀赋进行调查，做到胸有成竹。

自工业革命以来，世界城市化进程不断加快，那些在历史进程中日渐老化的名城，迫切需要重塑经济和文化魅力，提升居民的生活水准。开启

创业时代，城市再造运动以文化因子凝练城市精髓，将城市的历史传统、城市标志、经济支柱、文化沉淀、生态环境等要素凝练成城市灵魂，重塑城市精神和城市气质。文化是一个城市的灵魂，不仅可以提升城市品牌，还可以使城镇品牌独具特色。巴黎圣母院承载的悠远历史和动人故事无法复制，这些文化因素正是城市的魅力所在。城市的发展沿革、民俗、名胜特性、城市建筑品质、产业发展前景等诸多方面都可以体现城市特性，关键是如何去发掘培育，如何进行创新，如何恰如其分地概括这个城市。以文化旅游、文化消费为突破口，打造鲜明的城市形象，构建、完善的文化经济体系，实现城市产业发展和升级。

阿姆斯特丹是世界闻名的"水下城市"，城市低于海平面，有1000多座形态各异的桥梁。曲阜依托儒家思想，打造"孔子故里""东方圣城"城市名片。淮安凭借"清明上河图"，成就了"运河之都，美丽淮安"美名。

创意是文化的一种期盼，一个好的创意不但可以挽救一个企业，带动一个城市，还可通过城市建筑、城市文化、企业品牌等手段塑造城市品牌。这是一个长期持续的过程，通过创意策划举办特色活动，费用少，时间短，影响面大，范围广，容易产生轰动效应，可以创造出城市品牌。国内外许多著名的城市都注重城市品牌的塑造，通过创意策划活动扩大知名度，如戛纳电影节、慕尼黑啤酒节、达沃斯财富论坛，都是创意策划带动城市品牌的典范。

第五节　案例

一、京津冀城市群与文化产业集群的互动

京津冀是运河文化集聚区，作为目前我国唯一在用的世界文化遗产，京杭大运河是一条文化积淀丰厚的文化遗产长廊。京杭大运河绵延1794千米，连接长三角、淮海、环渤海城市经济圈，拥有广阔的腹地，经济庞大的消费群体，相对完善的文化市场体系，有力推动了文化融合，拉动了文

化消费，促进了产业转型升级，在文化强国战略中发挥了引领示范作用。

大运河虽然部分河段还在使用，但就整体而言，其艺术功能已经弱化。随着现代交通工具的突飞猛进，运河的运输功能在弱化，但是作为世界遗产的文化功能在彰显，京杭大运河仍然是中国大运河中活性最高、遗址最丰富、文化资源最丰厚的河段。在京杭大运河途经的6个省市，文化产业从业人数达500万，占全国文化产业从业总人数的30.36%；文化产业增加值为9700亿元，占全国的半壁江山；有文化旅游、文化制造、节庆会展、影视出版等传统文化产业形态分布其中，也有动漫游戏，电子商务，新媒体等新兴文化产业集群在这条线路上，大运河沿线凝聚着中国文化产业发展的核心力量。

大运河沿线18个城市发展水平差异较明显，整体呈"U"形格局，运河两端的城市文化产业实力强劲，中部城市文化产业相对落后。从产业发展类别看，两端以高附加值的文化产业为主，中部以文化产品制造、文化观光等附加值较低的产业为主。从文化发展角度来看，京津冀三地特色十分明显，北京的定位是文化创意，天津的优势是文化产业高端制造，河北在文化资源方面有巨大的应用开发空间。由于协同规划错位发展，在实际开发过程中，三地的文化资源没有得到充分整合和利用，文化投资大量重复，出现了同质化竞争。

京津冀地缘相连，文脉相承，资源禀赋深厚，特色鲜明，互通性、差异性并存，在产业合作方面有广泛空间。北京是京津冀地区文化产业发展的龙头，文化艺术、广播影视、文化旅游等产业优势明显，是对外文化贸易的窗口，伴随着国家级文化产业创新实验区的建设，北京对周边区域发挥了巨大的辐射作用。2020年，北京文化产业实现增加值3770.2亿元，占全市GDP的10.5%，其中信息传输、软件和信息技术服务业等新兴业态的增速高于全市GDP增速4.5个百分点，对增加值突破10%起到了关键作用。天津便利的海运条件有利于高端文化装备制造业的发展，天津因其独特的"津派"文化特色著称，处于次中心地位，产业多集中在内容创意、制作复制、发行展示等领域。2021年，天津市规模以上文化及相关企业的营业收入为1354.23亿元，利润总额为76.33亿元。河北作为一个有着深厚历史文化积淀的大省，拥有大量极具地方特色的文化资源，2014年河北省规模以上文化及相关企业营业收入为19.83亿元，形成了以出版发行、文化旅游、文化产品生产及销售等为主导的特色文化产业，文化产业集中在生产复制、文化消费等领域，在制造业的发展方面有较大潜力。

京津冀城市群在文化产业的分工合作，有利于该文化产业集群做大做强。文化产业在京津冀地区的集聚，推动了京津冀城市群的转型升级。中国的文化产业处于加速换挡、弯道超车的关键时期，京津冀的文化协同运营发挥了引领作用，加强了辐射延伸。河北充分利用京津的区位优势，谋求经济文化产业向自身腹地延伸，撑起文化产业链条上的重要节点，实现三地互惠、互利、共赢发展。

二、以中心城市带动城市群升级——钱塘江城市群的经验

文化是城市综合竞争力的重要组成部分、转型发展的新力量。文化产业作为提升城市文化品位、打造城市文化品牌的重要着力点，良性的产业发展与城市文化竞争力关系密切，对区域发展转型有着直接的拉动作用。

(一) 政策创新

杭州文化创意产业在发展初期没有特别的优势，之所以后来居上，主要与杭州市政府建设"生活品质之城"的战略息息相关。

第一，杭州市委、市政府提出了使创意产业成为杭州文化的支柱产业，打造全国文化创意产业中心的战略目标，确立了文化创意产业的战略地位。

第二，切实保障文化创意产业发展。在管理机构方面加以创新，杭州先后成立市区两级文化创意产业管理办公室，以协调全市的文化创意产业发展，为杭州文化创意产业发展搭建产业发展平台、投融资平台、人才开发平台，有效解决了条块分割导致的管理混乱问题，是一项制度创新。在财政方面，杭州市完成重点项目投资 1000 亿元，集聚上市文化企业 30 家以上，培育具有国际影响力的会展(赛事)品牌 10 个，引进文化领军人才 100 名，带动就业人数 20 万人以上。在体制机制创新方面，杭州通过大力推进文化市场综合执法改革、公益文化单位内部三项制度改革、经营性文化单位改制等文化体制改革，实现了产业结构优化、投资主体多元化、股权结构合理化，宏观管理体制得到了进一步完善，有效解决了文化事业单

位面临的突出问题。

杭州举办的国际动漫节被誉为目前国内规模最大、人气最旺、影响最大的动漫盛会，杭州文化创意产业博览会也跻身全国四大重点文化会展活动之一。

(二) 激励保障文化金融创新

在文化金融创新方面，杭州走在了全国文化创意产业发展的前列，无论是建立文化银行、创新金融产品，还是提供担保贷款，杭州的文化金融实验都为文化创意产业发展提供了充足动力。

1. 率先成立文创银行

杭州市在全国率先成立了杭州银行文创支行，同时推动成立浙江省中国建设银行杭州文创专营支行，使杭州成为全国首个拥有两家文创金融专营支行的城市。

2. 完善无形资产担保

杭州率先建立全国首个文化创意企业无形资产担保贷款风险补偿基金，为多家文化创意企业提供信贷支持。

3. 不断创新金融产品

杭州市文投公司与杭州市中小企业担保有限公司合资组建了文创产业转贷基金，为在杭州银行文创支行贷款的中小微文创企业提供转贷资金周转服务，转贷基金作为无形资产担保风险补偿基金的配套产品，为解决中小微文创企业还贷资金问题，减轻企业融资负担，提供了新途径。此外，杭州市还针对具体的文化产业门类，推出了类似"印石通宝"艺术品融资产品、"拍易宝"金融产品及"助保贷"融资平台等相关金融产品，杭州在文化建设方面的创新反映了其文化产业市场的成熟。

(三) 整合发力，集群创新

文化创意产业园区是杭州文化创意产业发展的主平台，园区的集聚效应、规模效应不断壮大。杭州以西湖创意谷、之江文化创意园、西湖数字娱乐产业园、运河天地文化创意园、创新创业新天地、创意良渚基地、西溪创意产业园、湖湘文化创意产业园、下沙大学科技园、白马湖生态创意城十大园区为主平台，不断完善全市文化创意产业空间布局，逐步形成了

"两圈集聚、两带带动"的文化创意产业空间新格局。"两圈"指环西溪湿地文化创意产业圈和环西湖文化创意产业圈，"两带"指沿运河文化创意产业带和沿钱塘江文化创意产业带，这为打造全国文化创意中心提供了良好的空间载体。杭州还通过培育一批特色鲜明的文化创意小镇，进一步发挥了文化创意产业对区域经济发展的带动作用，推动了文化创意产业与其他产业的融合创新与升级。

(四) 经验

杭州通过文化创意产业发展实践盘活了全市文化创意产业市场，开拓了一片新天地。其主要经验：首先，要创造条件，充分释放企业的活力，给企业创造成长空间。依靠龙头企业的产业链拉动，配套中小企业的参与，共同推动杭州文化创意产业的发展壮大。因此，在文化创意产业塑造中，要给予企业充分的发展空间和实战舞台。其次，要对园区进行科学合理的规划，集聚区、功能区的设计要有创意，搭配合理。规划先行，规划的失误就是城市发展的失误，会贻误产业发展的时机。规划的领先同样可以促使产业率先发展，为文化创意产业的发展插上翅膀。从杭州文化创意产业发展的经验可以看到，产业集群发展对盘活市场的作用不可小觑，为各类要素的集聚创造了良好条件，可以迅速做大一个产业。因此，文化产业园区的发展要找准定位、合理规划，形成自身独有的特色和竞争优势，推动产业转型升级，推动文化创意产业腾飞。再次，要完善投融资支持体系，资金是企业的命脉，文化创意产业是资本密集型产业，文化创意企业不同于制造业，固定资产少，融资困难，这制约了其创新发展的步伐，甚至连生存都很困难。文化投融资体系作为文化市场的重要组成部分，杭州文化创意产业的金融创新，解决了全市诸多文化创意企业发展的资金问题，值得各方学习和研究。最后，在人才机制创新方面，想象力、创造力是创意产业存在的基础和条件，与其他产业相比，人才在创意产业中的作用尤其大，杭州文化创意产业的高速发展离不开杭州市从产业发展的战略高度制定的人才政策。文化创意产业要发展，对文化创意人才的引进不能急功近利。人才需要有能够发挥自身价值的空间和氛围。杭州市高端人才引进计划及本地人才的各类培训项目，是杭州让文化创意人才为己所用的具体措施。因此，人才政策要长远谋划，科学制定，这样才能将文化创意产业的人才资源盘活。领军人才的作用极其巨大，一个领军人才的加入会带动一批人才入驻，尤其要发挥出领军人才的市场效应。中心城市的升级可以带动一批市(镇)升级，形成城市群协调发展的有利局面。

第六节　本章小结

城市群往往是产业集群发展的结果，城市群的出现会推动形成相应的文化产业集群，以满足其物质和文化生活的需求。城市群为人们提供了居住空间，生活在其中的人们形成了特有的文化；反过来，文化产业集群对城市集群的转型升级再造具有极大的作用力。文化产业集群的形成离不开城市的作用，中心城市的文化产业集群对周围城市的溢出效应明显，可以显著提高整个区域城市群的层次和水平。城市群为文化产业集群提供发展空间，文化产业集群为城市群增添特色。

文化产业集群的文化主题是城市群空间再造的核心要素。文化创意是空间生产的灵魂，通过文化创意，可以把城市所内含的智慧密码提炼出来，再渗透至整个城市群，形成一种新经济观念与城市发展模式，并以文化为核心重新生产与开发城市的空间。文化产业集群的发展推动了后工业时代城市多中心组团(城市群)的出现，城市群消费的高级化促进了文化产业集群升级。

第八章
基于城市群的文化产业集群演化与政策设计

一个国家的产业是否具有竞争力，与其能否形成所谓的产业集群有很大的关联。产业集群是发掘区域优势，提升区域竞争力的有效手段。文化产业集群就是在地理上以文化聚落为资源依托，在空间上以创意集聚为表现形态，在功能上以文化企业为协作链条，基于产品的共同性与企业的互补性，把文化资源供给者、创意阶层、产品生产者、知识中介商、渠道销售商等不同利益攸关方与价值参与者联系起来，通过分工合作，把文化价值转化为商业价值的文化生产协同体系。

当前，我国文化产业集群演化模式分为四种：社会模式，如北京圆明园画家村；市场模式，如深圳大芬村；行政模式，如西安曲江新区；多元模式，如北京798艺术区。对基于城市群的文化产业集群演化而言，政策设计十分必要，在西部地区尤为如此。

第一节 文化产业集群演化的国际经验

一、美国模式：以洛杉矶电影产业集群为例

表面来看，美国文化产业属于市场主导型，政府干预较少，但事实并非如此，美国电影产业集群的演化离不开政府强有力的支持。

(一)电影作品版权保护

一是通过立法保护电影版权。美国政府依靠法律管理电影产业，如通

过反垄断法律法规限制电影市场过度集中在几个超大型企业集团，以知识产权法律体系保护电影创作。二是通过行政手段保护电影版权。联邦政府对从事影碟母带生产的公司统一颁发制作产品的执照，对从事影碟生产设备贸易的企业统一颁发经营执照，要求生产者必须标注安全防伪标记，注明生产厂家，记录订单的详细情况，以便执法部门抽查和检查。违反规定者将受到刑事处罚，甚至被吊销执照。

(二)提供财政资金

一方面，实施以"电影产业激励项目"为主的扶持政策，主要以州政府为代表；另一方面，通过社会中介组织向电影业提供资金支持，如人文与艺术国家基金会(NFAH)、博物图书馆服务协会(IMLS)及人文与艺术联邦委员会(FCAH)等。中介机构向全美主要的国际性电影节提供资金支持，借助国际性电影节这一广阔平台，美国电影走向世界，并备受青睐。

(三)构建完善的融资体系

政府基本取消了国内大部分投资主体的市场准入限制，构建了多元化投资主体格局。对于好莱坞电影产业来说，多元化的融资主体为其快速、便捷的融资提供了可能，其中发达的资本市场及完善的风险投资基金表现得最为突出。

(四)极力推进电影产业向海外扩张

美国政府一直在不遗余力地对外输出电影产品，以确保美国电影产品的市场地位。在我国加入世界贸易组织的双边谈判中，美国不仅坚决要求我国接纳其影视制品，取消进口配额，还强烈要求我国进一步开放文化市场，允许其进行视听产品制作，从事音像制品发行。正是由于美国政府的保驾护航，美国电影的海外票房才有机会远超国内。

二、英国模式：以伦敦戏剧产业集群为例

(一)重视创意产业的发展规划

英国成立创意产业工作小组，小组成员包括财政部、外交部、妇女

部、文化委员会、科学和技术部、教育和就业部、北爱尔兰事务部、苏格兰事务部及唐宁街 10 号政研室等部门首长和社会知名人士。这种跨部门、跨行业的组合能够及时有效调整、解决创意产业发展遇到的问题。

(二)重视创意人才的培养

1. 制定系统的创意人才培养规划

2008 年，英国创新技能部、商业企业与管理改革部和文化传媒与体育部共同发布了名为"创意英国"的战略研究报告，并基于新经济发展提出了新天才计划：重视儿童教育，培养青少年创意才能，催生一流的创意企业。

2. 多途径培养创意人才

例如，皇家艺术学院鼓励并支持80%的毕业生创办创意公司；邓迪大学革新教学方式，课堂授课仅占总学时的1/3，其余时间则用于项目实践。

3. 营造有利于创意人才成长的氛围

在政府扶持下，英国的艺术馆、美术馆、博物馆、文化馆等文化活动场所对学生实行免费开放。依托丰富形象的艺术素材，数以万计的文化遗产，使学生不仅受到了良好的艺术熏陶，而且激发了内心的创意灵感。

(三)重视创意产业融资体系的构建

政府财政拨款，例如，皇家歌剧院、皇家莎士比亚剧院、皇家宫廷剧院等五家国家级剧院，都是由政府资金扶持的。

政府动员社会资金，例如，通过发行彩票筹集文化基金。

准政府组织和基金会资助，政府扶持的创意产业局在成立之初的八年里，通过民间风险投资等形式，培育了 12 万家创意企业，资金超过 1.5 亿英镑，许多艺术机构和艺术家因此受惠。

(四)重视知识产权的保护

英国政府强调，知识产权保护制度本质上不是故步自封、因循守旧的制度，不是把创意成果束之高阁、不让人们使用的政策，而是鼓励人们激发创造热情、共享创意成果的政策。

三、韩国模式：以首尔网络游戏产业集群为例

（一）提供法规支持

韩国政府主要通过制定相关法律法规，为网络游戏产业化发展提供充足的支持。1999年，韩国政府发布的《文化产业振兴基本法》强调集中力量开发网络游戏，鼓励和扶持动漫卡通制作，从法律层面强化了政府对网络游戏产业的支持。2007年，发布的《游戏产业振兴法》是一部以振兴游戏产业、健全游戏文化、维护正常营业秩序为目的的特别法律。

（二）提供产业支持

政府成立专门机构加强产业辅导，极大地促进了网络游戏产业的健康发展，加强了网络游戏产业基础设施建设，完善了网络游戏产业的信息服务。此外，韩国还重视网络游戏人才的开发和培训，并为其颁发专业人员资格认证证书等。

（三）提供人才支持

加强人才培养，建立从职业教育到大学各个层次的教育机构，鼓励高校开设网络游戏相关课程，新设培训机构培养人才，加大网络游戏从业人员的培养力度。在各种游戏大赛中获胜的年轻选手甚至可以免试进入大学。

第二节 世界经验对我国文化产业集群的启示

综上所述，不论是文化底蕴丰厚的英国，还是擅长创新的美国，抑或后起之秀韩国，各国政府均高度重视文化产业。各国文化产业集群形成与演化的动力之一就是政府扶持。尽管各国采取的具体模式和措施不尽相同，但仍能为我国文化产业集群发展提供借鉴。

一、制度创新为文化产业集群的快速发展提供条件

(一)战略规划的引导

不难发现,各国政府都把文化产业集群的发展提升到战略高度予以规划和引导。例如,1998 年,英国在《英国创意产业路径文件》中界定了创意产业的概念,并成为全球的经典定义;1999 年,韩国在《文化产业振兴基本法》中也提出了"文化立国"方略。

(二)知识产权的保护

文化产业集群的构建是以创意为核心的,必须强化其知识产权保护。各国都希望通过制定法律法规来加大对知识产权的保护力度,如美国的《联邦版权法》《数字化时代版权法》等。

(三)法律法规的完善

各国特别注重以立法形式来规范和促进文化产业集群的发展。这些法律法规随着技术环境的变化不断调整,以便为文化产业集群的发展创造更为公平、合理、高效的外部环境。例如,美国的《联邦版权法》至今已修订了 46 次,韩国的《文化产业振兴基本法》已修改了 6 次。

二、通过公共品投入为文化产业集群发展奠定基础

(一)设置专门机构

为落实和推进政府的文化产业发展战略和政策措施,各国都设立了专门机构对文化产业进行管理和指导。例如,英国成立创意产业工作小组全面规划和引导创意产业的发展,韩国设立文化观光部来强化对文化产业的战略部署和政策支持。

(二)提供基础设施

政府积极加大交通、通信、水、电、气等基础设施建设的投入力度。

为打造"世界网络游戏大国",韩国政府不惜花费巨资开展高速宽带网络的普及工程,其宽带接入速度比新加坡、中国香港等国家和地区提供的服务要快10倍,比中国内地快20~50倍。

(三)注重中介组织

各国政府基本遵循"支持但不进行行政干预"的原则,充分发挥各类非营利性行业协会和中介组织机构的桥梁作用。例如,美国人文与艺术国家基金会、英国艺术委员会、韩国软件振兴院等均是如此运作的。

三、通过市场环境优化为文化产业集群发展提供动力

(一)人才的培养

各国政府无不重视对创意人才的培养,主要采取完善人才管理系统、加强各类院校的人才培养、通过网络和其他教育机构培养人才及开展国际人才交流与合作等方式,全面开展人才培养计划。

(二)融资体系的构建

各国政府在突破文化产业集群发展面临的资金瓶颈时,除了采取财政直接拨款和税收优惠政策,还构建了多元化的融资主体和多样化的融资渠道,基本形成了"政府是文化产业投资的引导者,企业是文化产业投资的主导者,金融机构是文化产业投资的支持者,外资是文化产业融资的必要补充者,社会公众是文化产业融资体系中不可忽视的力量,行业协会则是文化产业融资体系的润滑剂"的格局。

(三)消费市场的培育

各国政府都把培育国内外文化产品和服务的消费市场作为重中之重。英国通过向社会免费开放博物馆、美术馆、艺术馆,举办各种艺术节等形式,向公众提供与创意接触的机会,让公众享受创意生活;韩国通过传播游戏文化,让普通大众接受游戏产品和服务;美国为在全球输出好莱坞大片,不断拓展投资领域,大力推动文化商品贸易自由化。

第三节　文化产业集群演化的政策支撑体系

一、深化文化管理体制改革

(一) 明确政府的角色定位

1. 管理理念

从管理理念来看，政府角色要从文化的"管理者"转向文化的"服务者"。政府转变管理职能包括两个方面：一是要强调建设"有限政府"，实现管理经济向服务经济转变，因为"有限政府"的最终价值取向是服务行政，构建服务型政府。二是要强调建设"有为政府"，政府要坚持积极的"有所为"和消极的"有所不为"，既要健全和完善与市场经济体制相适应的职能，又要依法减少甚至放弃某些在计划经济体制下的传统职能。

2. 管理领域

从管理领域来看，政府角色要从文化的微观领域转向宏观领域。这种转变要求政府文化部门退出生产经营领域，政府的文化行政职能逐步从"管人、管财、管物"的微观管理转向"管政策、管法规、管计划"的宏观管理，并通过政企、政事、政资和管办的分开或分离，合理确定管理部门与企事业单位的界限，理顺管理部门与中介组织的关系，推动政府部门实现从办文化到管文化的根本转变，从而建立起职责明确、运转有序的管理体系，切实履行政策调节和市场监管职能，担负起公共服务职责。

3. 管理手段

从管理手段来看，政府角色要从对文化的直接管理向间接管理过渡。界定政府在文化产业集群发展过程中的作用，关键在于科学规范其干预内容。不仅要缩小其干预范围，由原来的以直接控制为主转向未来的以间接控制为主，而且要规范其干预手段，由传统的计划、行政干预方式过渡为现代的经济、法律干预方式。因此，必须处理好政府与市场的关系，合理

163

界定政府、行业组织和企业的界限，该谁做就由谁去做，从而充分发挥政府的引导作用，强化市场的主导地位，增强企业的自主创新能力，激发创意人才的聪明才智。

(二)深化文化事业单位改革

深化文化事业单位改革，就是要科学界定其性质和功能，突出其公益属性，强化其服务功能，增强其发展活力。一是要大力推进以图书馆、博物馆、纪念馆、美术馆、文化馆为代表的公益性文化事业单位改革，从人事管理、收入分配和社会保障制度等方面入手，既着力于事业单位法人治理结构的建立和健全，又要在政府投入机制的改进上下功夫。二是要大力推进以党报党刊、电台电视台为代表的主流媒体单位改革，在依法依规的前提下，允许制作、出版、播出分开，进一步完善其管理和运行机制，不断扩大其覆盖面和影响力。三是要大力推进以公益性出版社、时政类报刊社及特色文艺院团为代表的文化事业单位改革，通过转企改制，增强其面向市场的水平和能力。

二、加大公共文化基础设施建设的投入力度，完善公共文化服务支撑体系

(一)加大公共文化基础设施建设的投入

一是立足公益性和基本性，着力加大财政扶持力度，努力完善城乡公共文化基础设施；二是立足均等性和便利性，着力于公共文化基础设施建设的合理规划，努力将其纳入经济社会发展总体规划，确保其设备的更新维护及区域文化设施网络的完善等。为此，省级层面要统筹规划好公共文化基础设施，抓好广播电视中心、体育中心的规划建设，加快省文化馆、美术馆、档案馆、非遗馆及地方志馆等的建设；市级层面要重点抓好图书馆、文化馆、博物馆和剧院等的建设；县级层面重在谋划好图书馆、文化馆、剧场等的建设；乡镇(街道)层面应加强综合性文化站、电子阅览室和文化小广场的建设；村级层面应强化文化活动室、农民阅报栏和农家书屋的建设。无论何种层面的基础设施，其规划和建设标准都应符合国家的相

关规定。

(二) 完善公共文化服务支撑体系

1. 加强公共服务平台建设

文化产业是一个不同于传统产业的新业态,主要以个体创意者和小微企业为主体,它们之间有效的协作离不开公共服务平台这一载体,因为公共服务平台不仅是促进文化产业要素共享和交融的基础媒介,也是文化企业之间、文化产品与市场之间、创意者与消费者之间实现交流、交融、交易的通道和路径。因此,政府应将不同类型的公共服务平台进行整合,形成基于文化产业价值链的公共服务平台系统。

在推动文化产业集群发展过程中,政府不仅要为园区提供完善的"硬件"——各项基础设施,更要重视为园区提供完善的"软件"——搭建一个集素材、技术、培训、交流、交易等综合服务功能于一身的公共服务平台,如公共信息服务平台、公共技术服务平台、投融资平台、人才培训平台、展示交易平台等,使文化产业价值链的各重要环节都有与之相对应的平台提供公共服务,实现全产业链支持,并以此来帮助数目众多的小微文化企业把创意转化成产品进入市场,逐步实现做大做强的目标。

2. 加强对文化遗产的保护和利用

文化遗产是一个地区文化传承的血脉,是一种不可复制和再生的宝贵资源。西部地区历史文化遗产丰富,文化资源丰厚,这为各地培育特色文化产业集群提供了资源优势。以此为基础,在文化遗产保护方面,应加大经费投入力度。各级政府应把保护文化遗产纳入建设规划,尤其是重大文化遗产保护项目。

一方面,物质文化遗产的普查和保护。全面开展文物普查工作,准确掌握文物资源的种类和数量,及时把握其分布状况和保护现状,并建立文物资源数据库。在此基础上,对文化遗产进行合理分类,科学制定保护措施,并切实做到分步实施、分级完成。其中,应重点加大对世界文化遗产和历史文化名城的保护力度;对名镇名村、古村落和古民居的保护强度;对大遗址、革命文物、历史档案等的保护深度;对开发区、城市新区及城乡一体化建设中文物的保护广度。

另一方面,非物质文化遗产的传承和建设。深入挖掘并弘扬各地非物质文化遗产在社会经济各领域的丰富内涵，为相关文化产品的衍生奠定基础。通过非物质文化遗产的传承和建设，全面展现地域文化在我国文史、艺术、科技、商业、饮食、医学、建筑等众多领域的辉煌成就。

三、培育文化市场主体，完善文化要素市场建设

(一)培育多元文化市场主体

从微观层次培育文化市场主体，必须加速文化体制机制改革，强化文化企业的经营管理，推动多种所有制文化企业共同发展。对于国有控股文化企业，政府要支持其发展，促进其壮大；对于各种非公有制文化企业，政府同样要予以鼓励，引导并规范其健康发展。其中，国有骨干文化企业应充分发挥引领作用，重视并推动与众多中小文化企业的专业分工和友好合作，构建富有活力的协作配套体系、统一开放的文化市场环境、竞争有序的文化产业格局。

1. 培育骨干文化企业

骨干文化企业的培育应以法人治理结构的完善为依托，通过转企改制，推动现代企业制度的建立。一是要加快国有文艺院团及新闻单位的转企改制，使其资产组织形式符合现代企业的制度要求，以及经营管理模式具有文化企业特质。二是要以资源或产权为纽带，打破地区、行业和所有制界限，深化省属文化集团与地方文化企业的整合重组，努力打造一批具有较强竞争能力和自主创新能力的"文化航母"。三是要积极推进报业、演艺、广电集团的改革、改组、改造与管理创新，不断优化大型文化企业的资源与结构。四是要稳步推进政企分工，真正让国有文化资本接受市场经济的洗礼，展示其生机和活力。

2. 扶持小微文化企业

与国有文化企业相比，各类非公有制文化企业面临更多的政策、资本、技术等发展障碍。政府应放宽民营文化产业的市场准入门槛，引导并规范非公有资本合理进入政策许可的文化产业；应加大对小微文化企业的政策扶持力度，保障其在核准备案和资质认定方面的通道畅通；应在土地使用、项目评审和项目审批等方面对国有文化企业一视同仁；应在资金扶

持、税收优惠、投融资服务等方面使各方享受同等法律地位；应在人才引进、技术创新、对外贸易等方面营造公平的竞争环境；应鼓励各类小微民营文化企业，以股权受让、合资合作等方式，向"专精特新"企业发展，引导其走特色经营之路。

3. 发挥中介服务机构的作用

文化企业的无形资产所占比重较大，市场预期不是很稳定，因而融资往往存在困难。小微企业因发展规模小、社会公信力低，更是经常遭遇融资"瓶颈"。破解这一问题的有效途径是培育各类文化中介服务机构，在政府和企业之间搭建桥梁，促进知识和技术在各个主体之间的广泛传播和应用。事实上，这些文化中介机构不仅可以提供基于文化企业的资信评价、无形资产评估、项目风险评估、融资咨询服务、项目融资担保、文化产品保险和拍卖等服务，而且其本身也是文化产业集群重要的组成部分，政府应着力加以培育。

一方面，构建和完善文化中介的立法体系。文化中介服务机构作为市场独立主体的一部分，有其自身的发展定位和运作规律；作为新型的市场经济主体，文化中介机构与文化企业、金融机构、投资者之间的良性互动除了要遵循市场经济的一般要求，更需要设置专门的法律法规来规范和保护。也就是说，政府应当建立和完善文化中介服务机构的立法体系，合理界定各种文化中介机构的性质、服务内容和经营形式，明确划分其权利、义务和责任，使其形成自我约束、自我管理、自我提高的内在发展机制，切实促进和规范文化中介服务机构的健康发展。

另一方面，引导和规范文化中介的相应职能。文化中介服务机构的发展离不开政府的引导和规范。在其成长初期，政府应当及时设立主管部门，负责引导、协调和规范各类文化企业的融资中介市场。随着市场化程度的不断提高，文化中介服务力量的不断增强，政府可逐步将部分职能让渡给文化中介组织行使，以促进中介机构的成长。当这些文化中介服务机构逐渐壮大成熟时，政府应积极赋予其一定的职责，使其承担相应的职能：通过征求和听取文化中介组织的意见和建议，提升中介组织的参与度，提高文化产业政策、法规的针对性和行业规划、措施的可行性；通过授权、委托或其他适当方式，提高文化中介组织的职责感，提升行业规范和技术标准的可操作性。

(二) 不断完善文化要素市场建设

各地应在结合自身省情的基础上，依照政府和市场相结合的原则，充分借鉴国内外金融服务文化产业的既有做法，加大对投资主体多元化、融资手段多样化、对接服务多层次化等方面的培育力度，提升融资强度，拓展服务深度，全面推动和完善文化产业投融资体系的科学构建和良性发展。

首先，多元化投资主体的培育。政府降低市场主体准入门槛，鼓励各类金融机构、社会组织及个人进入文化产业投资领域，积极培育多元化的市场主体。其次，多样化融资渠道的构建。鼓励以质权抵押、第三方担保等方式搭建文化企业融资渠道，建立健全文化产权交易中心的职能，为文化企业融资搭建平台。最后，多层次化对接服务的提供。根据文化企业轻资产的特点，金融机构创新服务模式。例如，发展潜力巨大的动漫业、出版业及影视业等相关市场主体开展融资租赁、贷款发放业务；政府有关部门建立健全评估程序，规范评估机构，完善文化企业质押、流转、托管无形资产的一系列管理办法，构建文化产业融资保障体系。

四、完善文化产业人才培养机制

(一) 制定文化人才发展专项规划

以《国家中长期人才发展规划纲要(2010—2020 年)》和《全国文化系统人才发展规划(2010—2020 年)》为指导，立足西部各省份的现实情况，由相关部门牵头，对区域内文化产业人才的总体发展进行专项规划，具体包括管理制度、层次结构、培养模式、资金投入等内容，在广泛调研的基础上，充分吸收多方的意见和建议，科学制定文化产业中长期人才发展专项规划，从战略层面统筹推进各地文化产业人才队伍建设，完善人才培育与发展的政策保障体系。

(二) 引进高层次文化人才

首先，立足各地人才需求基础，科学制订高层次人才引进计划。因此，应广泛调研，进一步明确紧缺型文化人才的需求状况，据此统一规划，重点引进紧缺型文化人才。其次，搭建人才引进绿色通道，构建柔性引进机制。为此，政府层面要加大文化人才引进的政策支持力度，通过提供子女入学入托、落户、购房优惠等条件，解决人才发展亟须解决的环境建设问题，吸引一批懂策划、善操作的文化人才，促进优势文化产业的创新发展。最后，完善文化产业园区建设，以此为载体，在创新创业基地、工作室建设方面，为高层次文化人才进园创业提供支持，对其团队创作中的产品策划、创意实践等活动提供基础性服务保障。

(三)多渠道培养文化人才

首先，依托本地高等院校，加大文化产业人才培养力度，满足本土文化企业对人才的迫切需求。鼓励高校打通学科壁垒，建立文化产业发展研究机构，培养适应文化市场竞争的复合型人才。其次，规范文化人才的培育培训。通过制度创新促进文化企业员工培训的规范化和常态化，将高校学历教育与社会在职培训、实践锻炼紧密结合起来，构建多元化的教育培训网络体系。再次，加强文化人才的交流与合作。实施"走出去"与"引进来"相结合的交流合作机制，促进文化企业人员的知识更新，推动文化企业创新发展。最后，实施人才储备和人才提升战略，引进、培育产业发展的潜在人力资源。

(四)完善文化人才激励机制

首先，立足人才创新实践需求，创新人才培养模式。定期选拔相关领域的拔尖人才到海内外著名学术机构或高等学府进行访学、考察及进修，完善文化人才的综合激励机制。其次，创新收入分配制度，切实提升高层次文化人才的待遇，对专业技术骨干、重大项目带头人等高层次文化人才给予较大的政策倾斜，通过企业股权激励形式，激发其创新潜力。最后，注重精神鼓励和价值认可，对有突出贡献的文化人才授予省部级优秀文化人才等荣誉称号，并在职位晋升、职称评聘等方面予以承认。

五、积极融入"一带一路"倡议

2023年10月18日，习近平总书记在第三届"一带一路"国际合作高峰论坛开幕式上讲道："今年是我提出共建'一带一路'倡议10周年。提出这一倡议的初心，是借鉴古丝绸之路，以互联互通为主线，同各国加强政策沟通、设施联通、贸易畅通、资金融通、民心相通，为世界经济增长注入新动能，为全球发展开辟新空间，为国际经济合作打造新平台"，"精彩纷呈的文化年、艺术节、博览会、展览会，独具特色的鲁班工坊、'丝路一家亲'、'光明行'等人文交流项目，不断深化的民间组织、智库、媒体、青年交流，奏响新时代的丝路乐章"，"当前，世界之变、时代之变、历史之变正以前所未有的方式展开。中国正在以中国式现代化全面推进强国建设、民族复兴伟业。我们追求的不是中国独善其身的现代化，而是期待同广大发展中国家在内的各国一道，共同实现现代化"，"让我们谨记人民期盼，勇扛历史重担，把准时代脉搏，继往开来、勇毅前行，深化'一带一路'国际合作，迎接共建'一带一路'更高质量、更高水平的新发展，推动实现世界各国的现代化，建设一个开放包容、互联互通、共同发展的世界，共同推动构建人类命运共同体"。因此，我们需要健全"一带一路"文化交流合作机制，完善"一带一路"文化交流合作平台，打造"一带一路"文化交流品牌，推动"一带一路"文化产业繁荣发展，促进"一带一路"文化贸易合作。

（一）强化政府引导职能

"一带一路"倡议是国家重大战略，任何产业的融入都不可忽视政府的作用。对于西部城市的文化产业而言，要想积极响应国家战略，加强战略部署，就必须强化地方政府的引导作用。从某种程度上讲，西部地区文化产业的发展更加依赖政府的规划和扶持。因此，首先政府要重视对文化产业的战略规划，通过制定和完善文化产业发展政策，加强文化产业的政府宏观调控职能，使文化产业处在一个有序、快速、健康、可持续的发展轨道上；其次转变政府职能，树立服务意识，为文化企业公平竞争、文化资源优化配置营造公平公正的氛围；最后基于文化产业资金短缺及文化产业高风险性、回报周期长等特点，政府在文化产业资金保障方面做好前期资金投入、基础设施建设等工作，逐步构建合理的文化产业资金来源体系。

（二）打造特色文化产业品牌

中国各地区文化资源的差异会影响地区文化产业及文化企业的获利空

间，进而制约文化产业和文化企业的地区选择。文化产业的空间布局必须从具有比较优势的区域特色文化产业着手，重点培育和发展优势产业资源或特色项目，使之能够在较短时间内形成集聚效应，成为区域文化产业的高地或标志性成果。

一是发展西部地区文化产业，要高度重视本地文化资源的保护，通过对物质文化遗产和非物质文化遗产的生产性保护，传承原有文化特质，延续历史脉络与人文特质。二是对西部文化资源开展广泛的调研，梳理各地文化家底，为文化资源开发与产业化打好基础。对于特色资源，要从大视野、大格局进行规划、开发，梳理文化品牌。三是大力发展跨境旅游合作。"一带一路"共建国家均具有独特的自然风光、民族风情及历史文化等优质的旅游资源，通过建设跨境旅游合作区，整合区域内旅游资源，突出地域特色，培育旅游精品，打造旅游品牌，使跨境旅游成为国家间的特色合作项目。四是务实合作，共同深度挖掘文化遗产。应加大对文化遗产资源的深度合作力度，发扬民族艺术传统，推动"一带一路"共建国家民族艺术共同走向世界。

(三) 加快文化产业园区建设

文化产业园区建设是促进文化产业集群提高文化产业竞争力的有效路径。西部地区文化产业发展要想以最快的速度赶超东部发达省份，必须注重文化产业园区建设。建立以市场导向为主，以政府引导为辅的园区形成模式，通过自下而上的产业集聚，使文化产业发展要素有序集聚，构建完整的产业价值链，并不断延伸产业链，增强园区活力，实现文化资源的流通交换、优化整合和优势扩张。

从文化交流到文化产业的发展，不仅要改变发展观念和思想，还需要改变经营管理体制和机制，改变文化产业的发展模式、发展方式和协同合作方式。跨境文化产业合作园区就是"一带一路"共建国家实现文化产业合作发展的有效途径和重要发展平台。文化园区既是继承、挖掘、弘扬富有地域特色文化资源的综合性文化产业集中地，又是文化艺术集中展示的场所和产品集散地。各文化企业入驻园区，在享受各项优惠政策的同时，通过与其他文化企业相互交流与合作形成产业链，建立起互利共赢的发展模式，推动文化产业的集群化发展。

(四) 保障文化安全

根据《文化软实力蓝皮书：中国文化软实力研究报告 (2010)》数据显示，发达国家的文化产业已经处于成熟发达的跃升阶段，美国文化产业占世界文化市场的比重达43%，欧盟为34%，日本为10%。我国文化产业占世界文化市场的比重尚不足4%，还处于起步阶段，西部地区的文化产业尚落后于国际水平。从文化产业国际化的视角来看，发达国家在通过发展文化产业获取经济利益的同时，利用文化产业的传播特性，传播自身的价值观。因此，在全球化浪潮下，西部地区文化产业发展要融入"一带一路"倡议，更需要关注文化产业的社会效益与意识形态属性，防止文化市场被发达国家的文化产品挤占，社会主流的意识形态被西方国家左右。

六、深化文化产业供给侧结构性改革

近年来，在政府的主导和扶持下，西部地区文化产业发展迅速，成为当地经济发展的一抹亮色。但是由于资本、技术、人才等方面的要素错配，产生了一种现象：一方面大量文化产品积压，另一方面人民群众的多样化精神需求难以满足。究其实质，是因为结构性过剩与有效供给不足。西部地区要想把文化产业培育成国民经济支柱性产业，必须审视"加强优质供给、减少无效供给、扩大有效供给"的有效路径，进一步促进西部地区文化产业发展与升级。

(一) 实施"要素投入与创新驱动"双翼助跑战略

国家倡导将创新驱动作为经济发展的原生动力。但是对于文化产业，尤其是西部地区文化产业而言，创新驱动战略条件尚不成熟，需要实施"要素投入与创新驱动"双翼助跑战略。从要素投入角度来看，当前西部地区文化产业发展需要的资金、人才、技术等核心要素投入不够。很多地区处于构建要素投入生态环境的阶段，要素依然对文化产业具有直接和显著的促进作用。因此，应着力构建包括政府、企业、金融机构、高校及科研院校等利益攸关方在内的联动机制，保证文化产业核心要素的持续投入。

创新是提升文化产品的直接手段，是改善文化产业供给侧的有效途径。创新驱动要求理念创新，以理念创新为统领，以现代科技为支撑，在内容、形式、渠道、管理、方法、载体、平台等方面加大创新力度，使创新成为文化产业供给侧结构性改革的重要发力点。

(二)强化"特色、融合"的产业立足点

由于发展文化产业依托的要素不同，以及与东部发达省份的差异化竞争，西部地区提升文化产品有效供给应立足特色化与融合化，加强对民族地方文化资源的梳理，挖掘文化资源的独有价值，对具有开发意义的文化资源进行重点开发，实施特色化、差异化发展策略，打造品牌。需要注意的是，开发特色文化产业需要把握适度原则。一方面，不可高估文化资源的开发价值，以免加大投入开发出来的文化产品市场反应不好或过于抽象，以致曲高和寡；另一方面，不可低估文化资源的价值，导致文化资源价值浪费，开发产品流于俗套，重复无效供给。还需指出的是，需要以互联网为基础的科技力量介入文化产业，利用数字化技术开发民族文化资源，改造传统文化产业业态。据有关专家估计，数字文化产业来势迅猛，对文化产业的经济贡献率已达到70%。西部地区文化产业发展应顺应这一优势，加速文化产业的数字化改造，如尽快建设民族文化资源数据库，借助大数据分析手段，加快对文化资源的精细开发，实现文化创意的多次开发和充实完善。

融合是文化产业发展的内在要求。从供给侧结构性改革角度来看，西部地区文化产业需深化融合。一方面，打通文化事业和文化产业的壁垒，实现两者充分融合，将图书馆、文化馆、美术馆、博物馆等资源与创意有效结合，促进文化创意产品和服务的开发。另一方面，促进文化产业与其他产业的融合，提升彼此关联度，产生新业态，促进产业转型升级。

(三)进一步深化文化体制改革

文化产业供给"结构性过剩"与需求"实质性短缺"并存的问题是推动供给侧结构性改革的动因。究其根本，是文化企业没有充分尊重市场的结果。因此，有效推进供给侧结构性改革必然深化文化体制改革。党的十八大以来，文化体制改革被提上日程。文化体制改革的着力点是建立以市场为导向的现代文化市场体系。具体的举措则是通过将国有性质的文化单位改制，使之面向市场，建立现代化的公司制度，使文化企业在自由、公平的市场竞争中增强自身的实力，形成稳定、健康、充满活力的市场环境。西部地区文化企业数量少且规模小，要想充分释放企业的自主性和创造力，培育骨干企业和市场化是关键所在。除了要毫不动摇地确立市场在文化资源配置中的决定性作用，还需要政府通过制度的顶层设计，释放文化企业的创造性。政府一方面应制定公平、公正、公开的市场竞争规则，让所有文化企业在明朗、高效的环境中成长、发展；另一方面应保证市场竞争规则的顺利运行，使文化企业发挥自身的优势，创造人民群众喜闻乐见的优秀文化产品。

(四)持续推进文化产业结构调整

供给侧结构性改革的关键在于解决供给主体的结构性问题。受限于西部地区经济发展和社会服务水平，创新人才、科技、资本、政策等供给主体投入不足，投入结构失衡。创新人才投入要将文化领域双创人才培养提升为区域发展战略，促进各类创新要素有序流动与配置优化，满足双创人才创新创业需求。科技供给投入要加大文化科技创新投入，加大对地方高校应用研究项目的支持力度，促进文化科技创新向现实生产力转化。资本供给投入要创新文化和金融合作范式，激发文化活力，完善文化领域的资本市场机制。政策供给投入强调宏观政策、微观政策、产业政策的有效统一。宏观政策调控以长期性、动态性为基本要求，从文化产业的源头入手，从产业、企业的角度解决文化发展中的深层次问题，从而促进文化产业的转型升级。微观政策旨在弥补市场失灵、引导市场行为，系统调整和优化文化产业的财税、金融、投资、土地、人才和环境政策，形成有利于文化消费升级和文化产业升级协同发展的政策环境和知识网络。产业政策要以文化产业基本规律为出发点，着力于优化文化市场结构，提高文化企业发展效率。

七、持续推动文化产业与新型城镇化深度互动

(一)将文化产业发展融入地区城镇化规划

文化产业规划具有纲领性、前瞻性、引导性等特点，对文化产业有序、健康、合理的发展具有保障性作用。新型城镇化背景下文化产业的发

展不仅需要一个立足地区文化资源现状、符合地区文化特色的产业规划，还需要将其融入新型城镇化规划，使其成为地区新型城镇化的一个有机组成部分。

从当前我国文化管理组织体系来看，文化管理的决策权在各级党委宣传部与政府的文化行政管理部门。然而，实践中条块分割的管理体制不利于统筹文化产业与新型城镇化的协同演进。文化产业与新型城镇化同步规划与联动实施的内容有限，所以迫切需要建立包括文化部门、城市规划部门等在内的相关主体联席会议制度，共同制定融入文化产业发展的新型城镇化规划。这属于顶层设计的范畴，其意义在于谋篇布局的视角更高，更利于全局性规划和整体性发展。

(二)彰显文化产业差异化与文化产品辨识度

新型城镇化主导产业一定要与区域基础资源要素相匹配，能够将区域资源结构优势转化为产业优势。文化产业投入成本低、能源消耗小、环境污染少，主要通过特色文化资源的价值转换实现产业化发展，理应成为新型城镇化的产业选择。

尽管现代文明及时尚文化已经融入广大乡村，但传统乡村文化仍有丰厚的生存土壤，表现出了传统文化特色的巨大价值和魅力。民情风俗、民族礼仪、民间典故、民间曲艺、民间手工艺等元素，以及民居建筑艺术、古镇风貌、祠堂庙宇等景观既是民族地区或广大农村区别于工业化大都市的鲜明特征，也是这些地区发展文化产业、推进新型城镇化的重要基础。基于内容丰富、形态多样的地方文化资源，辅以创意元素进行整合、加工和改造，开发独具特色的文化产品，构建差异化的业态，文化产业便可找到发展的内在驱动力。此外，自然景观和生态环境能够满足人们观光旅游和休闲度假的需求，民间歌舞、演艺活动、文化节庆和会展具有消费拉动能力，民间手工艺品和服饰及生活用品可以衍生多种多样的产品，民间传说和农村故事可为文艺创作和影视产业提供丰富的素材。

(三)构建文化产业发展协同创新力

从要素驱动转向创新驱动是文化产业的发展趋势。文化产业对创意人才的重视实际上就是对创新的依赖。文化产业发展需要创新驱动，但不能忽视创意、科技、政策、资本、市场等要素驱动，尤其是在产业基础薄弱、产业链尚不完整的民族地区，要素驱动依然是第一驱动力。一是培育只有大学、社会团体及非营利组织才具备的教育、革新、冒险、创意和胆量等素质，推动创意与特色资源融合。组织中心城市的创意设计企业下沉到基层，实现创意下乡。二是广泛应用基于数字技术、网络技术的 VR、AR 等技术，促进文化遗产资源的开发转换和文化产品的升级换代，提高特色文化产品和服务的科技附加值。三是加快出台相关政策，构建促进文化产业发展的整体方案，包括人才培养与引进政策、投融资政策、土地使用政策、财政税收政策、市场监管与产权保护政策等。四是创新文化产业融资机制，通过完善风险补偿和设立产业基金的方式撬动社会资本，鼓励社会资本进入文化生产领域，建立文化产业发展筹备资金的多元化渠道。五是完善多层次的产品市场和要素市场，构建统一开放、竞争有序、诚信守法、监管有力的现代文化市场体系。六是培育一批专业的民间文化组织和文化中介，对接传统文化资源与现代市场。

(四) 夯实文化产业发展基石

任何产业的发展均需要有良好的产业生态作为保障，新型城镇化背景下的文化产业发展尤为如此。新型城镇化说到底是以人为本的，是通过提升城市文明程度和文化软实力来滋养与呵护城镇化主体，让市民共享文化繁荣成果，是新型城镇化的归宿。

构建良好的产业生态，除关注骨干企业培育、行业成长、产业运营外，还需要着力于以下几个方面：一是构建文化企业、行业组织、科研院所、金融机构、法律机构等利益攸关方协同创新机制，调动相关要素参与建设文化产业的积极性，充分释放文化相关企业在特色产品研发、市场推广等领域的热情与活力。二是完善地区公共文化设施，提升城镇居民文化素养，通过公共文化服务培养新市民参与文化活动的习惯，进而培养文化消费习惯。三是建立健全文化市场监管体系，加强对特色文化生产内容和质量的监管，强化特色文化资源在产业化过程中的知识产权保护，促进区域文化繁荣发展，让公众享受到物美价廉的文化产品和服务。四是研究制定利于文化产业"走出去"的扶持措施，打造文化产业品牌，扩大市场影响力与占有率。

第四节　本章小结

第一，通过对美国洛杉矶电影产业集群、英国伦敦戏剧产业集群和韩国首尔网络游戏产业集群发展中的政府支持实践进行梳理不难发现，即便是选择市场主导模式的美国，其文化产业集群的发展也需要政府的大力支持。各国的成功经验启示我们：制度创新是文化产业集群发展的必要条件；公共品投入是文化产业集群发展的坚实基础；市场环境优化是文化产业集群发展的不竭动力。

第二，各国政府均高度重视、扶持文化产业，具体表现为通过制度创新为文化产业集群的快速发展提供条件，通过公共品投入为文化产业集群的发展奠定基础，通过市场环境优化为文化产业集群的发展提供动力。

第三，文化产业集群演化的政策设计应着力于如下几个方面：一是在明确政府在文化产业集群发展中的角色定位的前提下，通过深化文化事业单位改革和强化地方文化产业法治保障进一步推进文化体制机制创新；二是加大公共文化资金的投入力度，通过加强公共文化基础设施和文化产业公共服务平台建设，科学开发利用文化资源，构建城乡一体化、均衡化、高效化的公共文化服务支撑体系；三是通过培育骨干文化企业、扶持小微文化企业和扶持中介服务机构等途径来培育文化市场主体，通过完善各类要素市场，尤其是资本要素和人才要素市场，为文化产业集群的发展提供不竭动力；四是完善人才培养体系，主要是制定文化人才发展规划，引进高层次文化人才，多渠道培养文化人才，完善文化人才激励机制，培养和保护非遗文化传承人；五是深化区域政府合作，形成平等互助型、平等互利型、单边主导型、补偿型、平衡共赢型合作模式；六是积极融入"一带一路"倡议，包括合理定位政府职能，打造特色文化产业品牌，加快文化产业园区建设，保护意识形态安全；七是深化文化产业供给侧结构性改革，构建"要素投入与创新驱动"双翼助跑战略，强化"特色、融合"的产业立足点，进一步深化文化体制改革，持续推进文化产业结构调整；八是与新型城镇化深度互动，包括将文化产业发展融入地区城镇化规划，彰显文化产业差异化与文化产品辨识度，构建文化产业发展协同创新力，夯实文化产业发展基石。

第九章
西部文化产业集群数字化转型

党的二十大报告把"丰富人民精神世界"作为中国式现代化文化建设的核心目标，把"人民精神文化生活更加丰富"作为未来五年文化领域的主要目标和中心任务，对"推进文化自信自强，铸就社会主义文化新辉煌"进行了战略部署，将社会主义文化建设的时代使命提升到新的历史高度。文化产业是文化建设的重要内容，是中国式现代化高质量发展的重要支撑和重要手段，是中国式现代化全面提升发展质量的必要保障，也是应对互联网快速发展，满足人民日益增长的精神文化需要的重要领域。

文化数字化包含文化新基建、文化大数据、文化数据资产化、文化体验新场景和文化数据安全等战略重点。人才、资本、资源等要素是支撑文化数字化和文化产业高质量发展的重要基础。我国文化数字化及文化产业高质量发展还存在诸多突出问题。首先，新基建、新技术应用型人才比较匮乏，文化产业所需要的复合型专业人才十分紧缺。其次，传统文化产业的数字化改造投入巨大，"新基建"时代技术及设施更新换代的频率在加快，但文化企业的资本实力普遍不强，其资产多为轻资产、无形资产（如出版权、播放权、首映权、版权和专利等），融资难、融资渠道不畅和融资规模不大等问题普遍存在。最后，对文化资源的挖掘和对特色IP的打造依然不足，利用新技术对文化资源进行大数据挖掘、数字化采集、基因库构建、云计算存储、精准化传播、产业化转化的力度依然不足。推进这些战略重点的有机结合，推动文化产业数字化转型升级，构建数字化时代文化产业新格局，成为西部地区文化产业高质量发展的发力点。

第一节　西部地区数字文化贸易发展的基础、结构与趋势

一、西部地区数字文化贸易发展的基础

2018 年，在全国宣传思想工作会议上，习近平总书记强调要推动文化产业高质量发展，以增强人民的文化获得感和幸福感。2019 年，党的十九届四中全会提出，健全现代文化产业体系和市场体系，完善以高质量发展为导向的文化经济政策。2020 年，《中共中央关于制定国民经济和社会发展第十四个五年规划和二〇三五年远景目标的建议》明确指出，要高度重视文化建设，通过健全现代文化产业体系及发展文化产业和文化事业等重要途径提高我国文化软实力。由此可见，文化产业越来越成为体现我国综合国力的重要因素和经济发展的重要支撑。《关于新时代推进西部大开发形成新格局的指导意见》提到西部地区要着力推进经济发展动力变革。当前，文化已经逐步成为衡量社会经济发展的价值尺度，经济与文化协调发展已经成为当今全球发展的重要趋势。文化产业作为第三产业的重要组成部分，以知识、信息、娱乐、休闲为主要特征。随着经济全球化的加速，文化产业得到了极大的拓展，文化产业开始由最初的新兴服务产业向全方位、多层次、多功能的经济产业转变。西部地区有着丰富的文化资源，应在文化贸易的过程中实现文化产业数字化，推进西部地区文化产业结构性转型，调整和优化西部地区文化产业发展战略，全面推进西部地区文化产业迈上新台阶。

随着我国经济的快速发展，西部地区的总体经济实力不断增强，但由于自然环境、历史因素、地理位置及现实问题等原因，经济社会发展相对落后。2022 年《中国统计年鉴》显示，2021 年西部地区 12 个省份的 GDP 总额约为 239710.1 亿元，占全国 GDP 总额（1143669.7 亿元）的 20.96%。人均 GDP 约为 62618.56 元，与全国人均 GDP（80978 元）相差 18359.44 元，

低于全国平均水平22.67%，与2011年的19.7%相比，提高了近三个百分点。这说明西部地区的经济发展水平较全国平均水平相对落后，且落后差距仍有扩大的趋势。因此，转变经济增长方式、优化产业结构是当前西部地区的发展重点。随着西部大开发的深入，西部地区经济社会发展水平不断提高，文化产业成为西部地区重点发展和扶持的产业，甚至是支柱产业。文化产业作为经济转型中的重要替代产业，显示出了巨大的发展潜力与广阔的发展前景。西部地区是我国少数民族聚居区，共有44个少数民族在此居住，其文化具有地域性、多元性和原生态性，是中华文化的重要组成部分。西部地区拥有革命历史资源和工业等多种资源，西部地区也是中华文化的重要发祥地，文化资源十分丰富。截至2021年，西部地区博物馆藏品多达14581492件（套），占全国总藏品的31.26%。基本陈列展览7897个，占全国总展览数的25.16%。因此，在西部地区产业结构中，文化产业具有相当重要的地位。为了推进西部地区文化产业发展，国家出台了一系列政策和法规，包括提供财政和税收支持、简化行政审批程序、保护知识产权等，为文化产业发展提供了政策环境和经济支持。为文化企业提供税收优惠政策，减少税负压力，鼓励了企业发展。设立专门的财政基金，用于支持文化企业的创新研发和国际市场拓展。给予人才政策支持，加强文化人才培养，提供相关专业教育和培训，吸引和留住优秀人才。建立人才引进和激励机制，吸引海内外优秀人才到西部地区从事文化产业相关工作。同时，注重知识产权保护，完善知识产权法律法规体系，加强对文化作品的知识产权保护。鼓励文化企业加强自主研发，提高知识产权创造和运营能力。由于国际竞争日益激烈，通过发展文化产业来加强国家的文化软实力，成为提升国家竞争力的有效途径。在"十四五"时期，我国文化产业发展面临新的机遇。在国家统筹兼顾的大背景下，充分利用西部地区丰富的文化资源，推进西部地区文化产业转型升级，优化西部地区文化产业发展战略，推动西部地区经济实现跨越式发展。

数字技术的发展和应用衍生出数字经济，其本质是通过大数据实现资源的优化配置，实现经济高质量发展。现阶段，数字化技术不断向传统产业渗透，互联网与数字产业链等不断发展壮大。数字经济已成为驱动中国经济增长的新引擎，不断催生出的各种新业态，将成为经济发展的重要支点。根据中国信息通信研究院发布的《中国数字经济发展报告（2022年）》，

2021 年中国数字经济规模达到 45.5 万亿元，占 GDP 的比重达 39.8%。数字贸易是数字技术的不断突破和传统贸易的不断升级所产生的一种新兴贸易模式。数字贸易作为贸易发展的新形势，受到了世界各国的重视。关于数字贸易的界定，李康华（2021）从数字贸易与传统贸易的不同点出发，指出数字贸易是提供数字产品和数字服务的创新商业模式。邵军和杨丹辉（2021）认为，数字贸易是以互联网为载体，实现传统实体货物、数字产品与服务和数字信息等交易，以实现贸易活动智能化的新型贸易活动。2020 年，《中共中央关于制定国民经济和社会发展第十四个五年规划和二〇三五年远景目标的建议》明确指出要加快数字化发展，建设数字中国。大力发展数字经济和数字贸易，发挥高科技产业对经济增长的带动作用，实现高质量发展。2022 年，中国共产党第二十次全国代表大会也提出要重视发展数字经济。由此可以看出，中国高度重视数字贸易的发展。关于如何体现数字贸易的国际竞争力的问题，学者主要采用熵值法、主成分分析法等方法来计算贸易竞争力。还有部分学者通过国际市场占有率（MS 指数）、贸易竞争优势指数（TC）、Michaely 指数和显示性比较优势指数（RCA）来衡量一国的数字贸易竞争力。川渝地区作为西部地区中经济较为发达的区域，被确定为国家数字经济创新发展试验区，较早实行数字化转型。其中，川渝地区还联合建设了数字双城经济圈，共同发力推动川渝地区协同发展。根据《中国西部地区数字经济发展白皮书（2021—2022）》，自 2018 年以来，四川省数字经济总量突破万亿元，数字经济指数、数字消费力等均居全国前列。2018~2020 年，四川省数字经济规模总量分别为 1.2 万亿元、1.4 万亿元、1.6 万亿元，且仍在持续增长。截至 2022 年，数字经济核心产业增加值达 4324.1 亿元，同比增长 6.5%，高于地区生产总值增速 1.6 个百分点，对全省经济增长的贡献率达 10%。因此，西部地区期望能够在数字技术快速发展的浪潮中抓住机遇，将其作为新的经济增长点，把经济增长的主要动力从传统产业向高科技产业和信息产业转变，不断缩小与东部地区的差距。

二、西部地区数字文化贸易发展的结构

数字贸易作为数字经济时代的新型贸易模式，贸易份额逐渐增大。数

字贸易的突出特征包括贸易方式的数字化和贸易对象的数字化。贸易方式数字化的本质是通过电子商务、网络营销、智慧物流等对传统文化贸易赋能，推动传统贸易方式实现数字化升级；贸易对象的数字化指的是产品和服务的贸易以数字化的形式进行。文化贸易的数字化发展，是文化产业实现转型升级、实现高质量发展的重要转变。文化贸易的数字化特征表现：一是传统贸易方式升级为电子商务模式；二是文化内容以数字或网络方式传输，是数字技术融合文化产业后创新出的数字文化服务。根据美国国际贸易委员会的界定，数字文化贸易的主要贸易对象即在线交付的数字内容，如音乐、游戏、电视、电影和其他视频、电子图书、网络阅读、在线课程等。推动西部地区文化贸易的数字化发展，通过数字技术发挥文化产业的动能，摆脱有形文化产品交换所需要的运输、仓储、关税等交易成本的约束，极大地拓展了贸易文化产品和服务的边界，提升了市场效率。推动西部地区文化资源的开发和利用途径的拓宽，利用文化资源的特征和属性，通过文化产业贸易数字化来创造更大的经济价值，为西部地区文化要素的跨境流动提供强大动力。将西部地区新的发展规划落到实处，促进西部地区经济、文化、环境的协调发展。

从西部地区文化贸易的发展情况来看，根据《中国文化及相关产业统计年鉴》的数据，2018 年东部地区规模以上文化及相关产业企业实现营业收入 68688 亿元，占全国的比重为 77.0%；中部、西部分别为 12008 亿元、7618 亿元，占全国的比重分别为 13.4% 和 8.5%。西部地区文化产业的资产规模为 36042.8 亿元，占全国的比重为 14.64%；营业收入 14194 亿元，占全国的比重为 10.51%。随着信息技术的发展，数字技术对文化产业转型升级的影响日益加深，西部地区文化产业将逐步走向数字化和科技信息化。

（一）数字文化贸易销项情况

依照前文所阐述的内容，数字文化贸易的主要贸易产品或服务对象，即在线交付的数字内容，如音乐、游戏、电视、电影和其他视频、电子图书、网络阅读、在线课程等。由于西部地区数字文化贸易既包括国际贸易又包括国内贸易，不能用已经界定的贸易产品或服务对象的进出口额来表示西部地区数字文化贸易的实际情况，本部分统计了西部地区相关文化产

品或服务的出售品种和数量。根据《中国文化及相关产业统计年鉴》，2021
年西部地区的音乐、游戏、电视、电影和其他视频等音像制品及电子图
书、网络阅读、在线课程等电子出版物出售的品种共 1576 种，占全国总品
种的 9.63%；出售数量为 712.5 万盒·张，占全国总销售数量的 1.45%。
表 9-1 介绍了 2021 年西部地区各省份音乐、游戏、电视、电影和其他视
频等音像制品及电子图书、网络阅读、在线课程等电子出版物的出售品种
和数量。从表 9-1 可以看出，西部地区数字文化贸易水平相对较低，交易
品种少，数量不足，各省份差距较大。从品种来看，在西部地区 12 个省份
中，四川省的品种较为丰富，占整个西部地区的 35.53%；从数量来看，
内蒙古自治区和陕西省处于领先位置。

表 9-1　2021 年相关文化产品或服务的出售品种和数量

地区	品种(种)	数量(万盒·张)
全国	16371	48973.9
内蒙古	119	92.1
广西	138	59.5
重庆	155	61.2
四川	560	43.3
贵州	8	2.5
云南	118	59.1
西藏	37	41.2
陕西	229	90.5
甘肃	18	2.8
青海	13	0.3
宁夏	—	—
新疆	181	260

资料来源：2022 年《中国统计年鉴》。

(二) 数字文化贸易进项情况

由于西部地区对数字文化贸易主要贸易产品或服务对象的消费包含国
内消费和国际消费，本部分用文化产品或服务的人均文化娱乐消费支出来

表示(见表9-2)。从《中国文化及相关产业统计年鉴》中的数据可以看出,2017~2021 年西部地区大部分省份的人均文化娱乐消费支出低于全国平均水平,且各省份之间差距较大。以 2021 年为例,仅重庆市的人均文化娱乐消费支出超过了全国平均水平,为 739.1 元,在西部地区 12 个省份中位居第一,是西藏自治区的三倍多。将这五年的数据对比来看,居民人均文化娱乐消费支出有下降的趋势,尤其是 2020 年,人均文化娱乐消费支出明显减少,意味着居民的收入水平下降,消费力降低。

表 9-2　2017~2021 年西部地区人均文化娱乐消费支出

单位:元

地区	2017 年	2018 年	2019 年	2020 年	2021 年
全国	849.6	827.4	848.6	569.0	645.7
内蒙古	924.9	737.8	742.1	543.9	608.5
广西	451.7	523.5	494.6	352.9	338.7
重庆	768.2	764.4	790.3	635.5	739.1
四川	716.4	663.5	642.1	478.7	500.1
贵州	554.5	477.2	484.0	365.6	441.9
云南	584.9	552.1	549.6	418.7	437.5
西藏	156.9	200.4	199.7	158.5	224.2
陕西	669.8	704.5	691.5	435.2	451.3
甘肃	519.5	520.3	470.4	416.5	403.5
青海	674.9	585.2	605.9	416.3	425.7
宁夏	643.8	754.9	767.0	428.9	465.0
新疆	486.7	528.9	481.4	296.7	392.0

资料来源:2018~2022 年《中国文化及相关产业统计年鉴》。

三、西部地区数字文化贸易发展的趋势

近年来,在国家文化产业政策的支持下,文化产业发展势头强劲,西部地区文化产业得到了快速发展,推动了一系列相关产业的发展,文化产

业增加值占 GDP 的比重逐步增高，文化产业活力逐渐增强。随着数字经济赋能文化贸易发展，文化产业迈向高质量发展新阶段，数字技术重构了文化产业链，助推了价值链的转型升级；数字化增加了文化贸易的品种和数量，简化了交易流程，降低了交易成本；数字化降低了信息不对称程度和文化产业进入门槛。

(一) 数字文化贸易结构逐步优化，产业结构逐步升级

西部地区数字文化贸易规模不断扩大，各省份之间的差距逐步缩小。2017~2021 年，西部地区相关文化产品或服务的出售品种和数量如表 9-3 所示。从表 9-3 可以看出，虽然相关文化产品或服务的出售品种和数量有所波动，但其品种和数量整体都在增加，说明西部地区数字文化贸易的规模在不断扩大，商品或服务的贸易品种不断增多，贸易数量不断增加。此外，从居民人均文化娱乐消费支出情况来看，2020 年和 2021 年的消费水平受新冠疫情影响较 2017~2019 年有所下降，但 2021 年较 2020 年有所回升，由此可知，未来居民人均文化娱乐消费支出情况会逐步扭转。根据表 9-2 中所显示的 2017~2021 年西部地区人均文化娱乐消费支出情况来看，消费水平相差最大的两省份之间的差距由 2017 年的 768.0 元缩小到 2021 年的 514.9 元，说明各省份之间的差距在逐步缩小。数字文化贸易推进西部地区文化产业结构不断调整，根据 2017~2021 年城乡居民人均文化娱乐消费支出比可以发现(见表 9-4)，陕西、甘肃和宁夏三个省份的城乡居民人均文化娱乐消费支出比呈现略微增加趋势，内蒙古、广西、重庆、四川、贵州、云南、西藏、青海和新疆的居民人均文化娱乐消费支出比逐渐下降，其中西藏的居民人均文化娱乐消费支出比下降幅度最大，为 4%，说明其文化产业的城乡结构在逐步优化。

表 9-3　2017~2021 年西部地区相关文化产品或服务的出售品种和数量

类型	2017 年	2018 年	2019 年	2020 年	2021 年
品种(种)	1305	1254	1502	1734	1576
数量 (万盒·张)	584.7	577.4	537.8	719.6	712.5

资料来源：2018~2022 年《中国文化及相关产业统计年鉴》(由于新疆和青海数据缺失较多，对结果影响较大，这里剔除了青海和新疆的数据)。

表 9-4 2017~2021 年西部地区城乡居民人均文化娱乐消费支出比

单位：%

地区	2017 年	2018 年	2019 年	2020 年	2021 年
内蒙古	4.89	5.15	4.69	4.16	3.83
广西	5.63	5.10	4.88	4.57	3.94
重庆	5.44	5.01	5.38	5.22	4.84
四川	5.58	5.80	5.44	4.24	3.25
贵州	7.66	7.52	6.82	4.92	4.24
云南	8.56	7.77	9.93	6.46	6.16
西藏	11.32	14.23	11.31	8.93	7.32
陕西	5.02	5.68	5.76	5.40	5.78
甘肃	5.56	6.76	7.28	6.09	6.10
青海	6.75	6.15	8.24	6.39	5.80
宁夏	4.59	5.11	4.42	5.13	5.28
新疆	8.32	7.72	7.24	8.52	7.69

资料来源：2018~2022 年《中国文化文物和旅游统计年鉴》。

(二)逐步加强版权保护意识与知识产权意识

西部地区数字文化贸易发展将更加注重产权意识。西部地区将加强对数字文化贸易的版权保护，提升企业和消费者的知识产权意识，促进数字文化贸易的健康发展。首先，加强版权保护意识与知识产权意识可以推动文化、创意和科技发展，进而带动西部地区数字文化贸易，为当地经济注入新的动力。其次，加强版权保护意识与知识产权意识，可以提高正版作品和知识产权的价值，进而提升西部地区数字文化贸易的市场地位。最后，加强版权保护意识与知识产权意识将促进国内外企业之间的合作，可以为西部地区数字文化贸易提供更多的机会和平台，帮助其与国内外企业更好地合作。另外，通过合法保护和推广本土文化作品，提升西部地区文化产品在国际上的影响力，传递其独特的文化价值观，打造独特的文化品牌形象。同时，西部地区各省份不断制定各种相关文件和政策来支持数字文化贸易发展。随着数字经济的快速发展，文化产业的知识产权面临新的机遇。数字贸易的初衷是使资源利用效率更高，但其飞速发展给知识产权保护带来了巨大挑战。数字文化贸易中的知识产权问题涉及作品创作权、商标使用权、专利权等。如何在数字文化贸易中平衡知识产权保护和公共利益之间的关系，是当前西部地区数字文化贸易需要面对的新问题。数字经济时代的文化创新成果呈现新的表现形态，如海量数据的收集使用、作品的数字化、商业模式的创新等。对于数字经济时代的文化创新成果，传统的知识产权保护方式已经无法全面覆盖，仅依靠现有法律法规、原有技术手段提供保护，已经无法满足数字经济时代文化贸易的需求，因此数字经济时代的知识产权保护需采取新的思路和方法。当前，西部地区由于知识产权法律体系滞后、知识产权保护难度大、跨界问题突出及知识产权滥用等问题的存在，导致该地区数字文化贸易发展面临多重阻碍。因此，西部地区在大力发展数字文化贸易的同时，首先要制定并完善知识产权保护的政策和法规，制定知识产权保护政策和法规是应对数字经济时代文化贸易发展过程中知识产权保护的重要举措；其次要建立知识产权保护机制和体系，建立知识产权保护机制和体系是应对数字经济时代文化贸易发展中知识产权保护的重要手段；最后要推进数字化知识产权保护技术应用，数字化知识产权登记可通过互联网等渠道对文化产品进行快捷、高效、精确的登记和确认，有助于保护文化产品创新人员的合法权益。大数据技术还可以快速筛查侵权行为，通过智能分析技术，追踪侵权行为的规律和趋势，提高文化产品产权监管和保护的效率。

（三）西部地区数字文化贸易朝着科技创新方向发展

数字技术为西部地区文化产业提供了丰富的科技创新资源，文化产业科技创新为促进西部地区文化繁荣起到了至关重要的作用，推动数字文化贸易朝着科技创新方向发展。数字技术在文化贸易中广泛渗透，数字产品和服务作为一种中间产品逐渐被嵌入全球价值链，参与全球的分工与利益分配，推动文化企业向数据和技术驱动型转变。全球文化贸易领域的价值创造越来越趋向知识密集化，大部分价值将会凝结在数字产品和服务中。文化及相关产业的专利授权总数可以反映出文化产业的创新情况，根据2016~2020年《中国文化及相关产业统计年鉴》中的数据可知，西部地区文化及相关产业的专利授权总数从 2015 年的 8605 个增长到 2019 年的 13184 个，增长率为 53.21%。西部地区将数字化手段应用于文化产业，通过 VR、AR、直播等技术手段，为消费者提供更加丰富、多样化的文化体验。在数字经济时代，物联网、3D 打印、机器翻译、虚拟现实、人脸识别、大数据等数字技术创新为文化贸易创造了条件，文化资源转化为可消费的文化产品，实现了文化的跨时空传播。西部地区在逐步加大对文化的科技投入力度，2017~2021 年，西部地区规模以上文化企业的科技投入逐年增加，且金额超过百亿元（见图 9-1）。首先，科学技术为传统文化的传承和保护提供了新的途径，通过数字化手段，将传统文化的艺术作品、历史文化文献等进行数字化保存，方便学习和研究。同时，数字化的传播方式也让更多人接触到了西部地区的传统文化，增加了文化的活力和吸引力，拓展了西部地区文化产品贸易市场。其次，科学技术也为传统文化注入了新的元素和创意。通过数字技术将传统文化与 VR、AR 等技术相结合，创造出新的艺术形式和表现方式，增强西部地区文化的吸引力。最后，科学技术为传统文化的推广和传播提供了新的渠道。通过互联网和社交媒体等平台，传统文化可以得到更广泛的传播和宣传。通过线上线下相结合的方式，数字技术与传统文化相互促进，推动了西部地区数字文化贸易的繁荣发展。

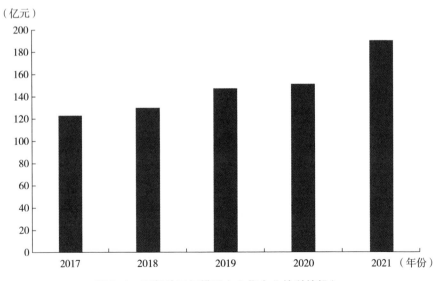

（亿元）

图 9-1　西部地区规模以上文化企业的科技投入

第二节　数字经济发展与西部文化产业集群数字化转型的重要举措

一、坚持新发展理念，以文化数字化构建西部文化产业新格局

2022 年，中共中央办公厅、国务院办公厅印发的《关于推进实施国家文化数字化战略的意见》提出，文化产业数字化战略的重点任务为，"加快文化产业数字化布局。创新文化表达方式，推动图书、报刊、电影、广播电视、演艺等传统业态升级，调整优化文化业态和产品结构。鼓励各种艺术样式运用数字化手段创新表现形态、丰富数字内容。培育以文化体验为主要特征的文化新业态，创新呈现方式，推动中华文化瑰宝活起来。在文化数据采集、加工、交易、分发、呈现等领域，培育一批新型文化企业，引领文化产业数字化建设方向"。文化产业的现代性和高质量集中体现为与时俱进的产业升级演进，传统文化产业与新兴文化产业相结合的产业生态链构建，大中小微文化企业的梯度分工与协同互补，以及提供高品质精神文化产品，以更好满足人民对美好生活的需求，这是西部文化建设和文化产业高质量发展的重点。

互联网时代将消费推向极致，催生了一系列消费的新模式、新方式与新业态。数字化时代将生产推上新高度，生产方式出现了革命性变革，数字化生产力成为生产力的新形态。置身数字化时代，文化产业要创新文化表达方式，用数字化生产推动图书、报刊、电影、广播电视、演艺等传统业态升级，各种文化艺术形式要运用数字化手段创新表现形态，加快发展以文化体验为主要特征的新业态，与时俱进地调整优化文化业态和产品结构。在文化数据挖掘、采集、加工、交易、开发等方面，当地要积极培育一批新型骨干文化企业，引领文化产业数字化建设快速发展；以企业为主体、市场为导向，推动文化产业与旅游业、体育产业、新型农业、制造业、风光能源、现

代服务业、战略性新兴产业融合发展；围绕优势文化产业链部署创新链，围绕创新链布局产业链，围绕产业链重点扶持龙头企业，引进重大投资项目，引导文化产品供给侧与需求侧协同发展。把握"新基建"发展机遇，巩固文化产业发展优势，抓紧布局面向国内国际市场的战略性新兴文化产业，提升文化产业现代化和国际化水平，构建西部文化产业新发展格局。

二、加快文化"新基建"建设，夯实数字文化产业新基础

国家发展和改革委员会确定"新基建"的范围为信息基础设施，即5G、物联网、工业互联网的建设等，这些建设可为文化产业发展提供重要的技术基础设施支撑。融合基础设施，即利用互联网、大数据和人工智能等推动基础设施转型升级，促进传统文化产业数字化改造和升级，如智慧旅游、数字出版和云演出等；创新基础设施，即通过重大科技和产业技术创新基础设施等，如数据中心、云平台等数字基础设施和"云""网""端"基础设施等，是文化与科技融合的重要基础设施支撑。大数据体系是文化新基建的重要内容，文化大数据体系综合运用5G、区块链、大数据、云计算、物联网等新技术，打造文化资源库，重塑文化空间，构建新平台，将文化产业发展的思维模式引向"互联网+"和"文化+科技"，使产业数字化和数字产业化成为文化创新的重要方向，强化网络化、知识化、共享化、智能服务化的文化资源基础，满足信息计算、传输与存储日益增长的需求，通过全面感知、互联互通、智慧服务，为数字文化产业的生产、传播、治理提供技术支撑，推动文化内容生产企业创作出适应现代网络传播的文化产品和服务。通过智能连接、信息共享、全域融合、内容表现方式创新，使传统的文化资源转化为全新的文创产品与文化交易平台，衍生出数字文化产业的共享式新平台和全感式、沉浸式文化体验新业态。依托数字技术兴起的云演艺、云综艺、云展览、云教育、云旅游等新兴业态逐渐蓬勃发展，文化产业数字化发展趋势愈加明显，"新基建"成为促进文化产业转型升级和高质量发展的核心驱动力。

三、运用新技术联通文化产业链，培育数字文化产业新业态

在数字化时代，数字文化产业呈现生产数字化、消费个性化、传播网

络化、产业跨界性、体验交互性等特点。新技术和新思维将创新文化产业链的核心价值成分，以产品技术与知识、IP 创意与衍生、增值服务与体验等为核心的新型文化产品和服务链，将逐渐取代以单纯的产品生产和销售为主的传统文化产业链。在"新基建"与文化产业的深度融合下，传统文化企业在产业链各环节创新和升级的壁垒将逐渐被打破，全链条的线上线下合作与协同渠道得到有效整合，上中下游各环节实现数字化、网络化、智能化、集聚化的全面升级，推动文化产业链上游从传统的产品设计研发升级为 IP 创意、标准制定、技术嵌入等，中游从传统的产品制造升级为众包生产、智能制造、平台协作等，下游从传统的产品消费升级为智能传播、精准营销、定制消费等。5G、云、AI 已成为"新基建"中最核心的三个要素，重构了数字化业务体系与运营体系。以 5G、IPv6、3R（VR/AR/MR）等为代表的通信技术和数字技术创造了新的文化产品应用场景，改变了文化产业市场环境，促进了文化产业商业模式创新，有助于进一步提升文化产业盈利能力和可持续发展能力。数字化、网络化等新的科技手段能够使内容、创意、信息、科技等多元素深度融合，形成文化产业的新型产业链。内蒙古广播电影电视、新闻出版、文化创意、博物馆文创、文化产业园区（基地）及文化旅游等文化产业，在"互联网+文化产业"的数字化发展过程中，依据各业态特点，进行了产业转型升级，发挥了龙头骨干企业的引领示范作用，通过产业数字化创新、产品与服务的数字化创新、产业数字化融合，催生了文化产业数字化新业态，完善了内蒙古文化产业结构，促进了西部文化产业的区域平衡发展，提高了文化产业的质量效益和核心竞争力。

四、通过数字新技术推进文化资源的开发、保护、共享，激发数字文化资源新活力

通过大数据、数据库、智媒体等技术实现文化资源的挖掘、存储与传播，推动文化资源升级为数字文化资源，并创新文化传播模式。数字文化资源挖掘、分析、建库、存储的最终落脚点，是深化文化资源的保护、利用、共享、传播和服务，为文化产品的 IP 挖掘、大众创意、需求分析提供更丰富的资源保障和技术支撑。"新基建"通过大数据等技术实现文化资源

挖掘，利用三维场景建模、光学运动捕捉、知识图谱等资源数字化采集和大数据分析技术，对中华传统文化资源中所包含的丰富信息与知识内容进行梳理、分析、挖掘和数字化，为中华优秀传统文化向文化产业的创造性转化、创新性发展打下坚实的资源基础。

全面梳理西部地区中华文化资源，推动文化资源的科学分类和规范标识，关联文化旅游、文物、新闻出版、电影、广播电视、网络文化等不同领域的文化资源数据，提取具有历史传承价值的中华文化元素、符号和标识，丰富中华民族文化基因的当代表达，全景式呈现中华文化。

2020年5月，《关于做好国家文化大数据体系建设的通知》发布，文件指出，建设国家文化大数据体系是新时代文化建设的重大基础性工程，包含中国文化遗产标本库、中华民族文化基因库、中华文化素材库、文化体验园、文化体验馆、国家文化专网、国家文化大数据云平台、数字化文化生产线八个重点建设任务。对文化资源进行数字化采集、大数据挖掘、可视化展示、知识化管理、智能化服务、创新性发展，有效促进中华优秀传统文化的数字化保存、智能化传播、保护性开发与消费等。

中国西部是多民族聚居的地区，非物质文化遗产丰富了中华文明的内容，发展了中华文明"多元一体"的深刻内涵，彰显了中华文明的优越性，进一步强化、弘扬了中华民族文化的精神，为中华文明的形成、进步、发展与传承做出了积极的贡献。非物质文化遗产的传承、保护与绿色利用，一是要培养非物质文化遗产传承人；二是要聚焦中华民族共同体意识主题，发挥非遗感染力、传播力强的特点，依托非遗资源持续打造文创精品；三是要发挥西部文化产业优势，创作更多优秀剧目；四是要动态推进跨界融合，拓展非物质文化遗产文创产品的新领域。

五、发挥城市群产业集聚功能，打造西部地区数字文化产业核心区

习近平总书记指出："产业和人口向优势区域集中，形成以城市群为主要形态的增长动力源，进而带动经济总体效率提升，这是经济规律。"党的二十大报告指出，"加快发展数字经济，促进数字经济和实体经济深度融合，打造具有国际竞争力的数字产业集群"。城市群是文化互联互通的

重要枢纽。在数字应用常态化的背景下，创新驱动数字文化产业发展，在重塑全球数字文化产业链方面具有举足轻重的作用。城市群作为我国"新基建"的核心承载区、数字文化产业发展的"领头雁"，无论是在挖掘新资源、驾驭新知识、创造新业态、推动集聚发展层面，还是在建立中国数字文化产业价值方面，都发挥了重要的引擎作用。通过数字新技术，深化西部文旅资源的开发、保护与共享，利用三维场景建模、光学运动捕捉、知识图谱等数字化采集和大数据分析技术，对西部文化资源中所包含的信息，进行梳理、挖掘和数字化，构建文化标本库、基因库和素材库，推进数字文化资源的核心元数据、素材部件、知识本体的海量和分布式云存储，强化文化产业的供给端资源储备，为西部优秀传统文化向文化产业的创造性转化、创新性发展打下坚实的资源基础。

六、推动文化产业数字化转型，赋能乡村振兴

2022 年 3 月 21 日，文化和旅游部等六部门联合印发了《关于推动文化产业赋能乡村振兴的意见》，明确提出以文化产业赋能乡村振兴，激发优秀传统乡土文化活力，促进第一、第二、第三产业融合发展，助力实现乡村全面振兴。文化产业是一种以文化资源为生产资料，以创意为内核，以创新为根本动力，以技术为支撑，资源消耗少、附加值高、可持续发展动能强的绿色低碳产业。发展乡村文化产业，以乡村特色文化资源为依托，充分发挥文化产业的多重功能属性与价值，构建乡村特色文化产业链，为乡村振兴助力赋能。随着乡村振兴战略的深入实施，文化产业逐步成为推动乡村产业结构优化升级、丰富乡村产业业态、拓宽农民增收渠道的新路径。发展乡村特色文化产业能够促使人们对乡土文化、农耕文化进行重新审视，丰富优秀乡土文化、农耕文化的当代解读，包括对非物质文化遗产、节庆、民间手工技艺等乡村特色文化资源的开发与利用，以及对乡规民约、民俗等优秀乡土文化的传承与发展。发展乡村特色文化产业，联动乡村文化建设共同推动乡村道路、网络等乡村基础设施建设，提升乡村风貌，推动乡村治理建设，为乡村现代化发展提供基础支撑。在供给侧结构性改革与需求侧管理的双向作用下，乡村文化产业的高质量发展势必会要求乡村充分挖掘要素禀赋，发挥资源潜力，精准把握文化消费主体的文化

需求，培育文化产业新业态、新产品、新体验、新模式，为市场提供质量优、品质高、创意佳、价格美的文化产品和服务，以市场文化需求引导乡村文化产品供给，以乡村文化产品供给培养新的文化需求，实现文化产业供需关系的动态良性平衡，为乡村全面振兴提供内在动能。依托乡村优势资源，挖掘乡村多元价值，以文化创意赋能传统产业，培育乡村特色文化产业业态，延长产业链，重塑价值链，推动农业、手工业与文化、旅游、生态、教育、商贸、康养等产业同步发展、融合发展和协调发展。

七、借助文化产业数字化转型，铸牢中华民族共同体意识

将中华民族共同体意识融入文化产业所承载的文化内涵，这是一项战略性、全局性、整体性和系统性工程。发展文化产业，铸牢中华民族共同体意识需要构建长效机制，营造良好的制度环境。面对"互联网＋文化产业"的数字化发展新趋势，要充分发挥数据要素在文化产业数字化发展中的积极作用，一要适应市场发展趋势，完善文化产业监管政策，健全数字文化市场监管体系，着力改进政府对数字文化市场的现有监管方式与机制；二要推进数据要素市场体系建设，建立健全数据要素按实际贡献参与分配的收入分配机制；三要从政策上积极推动文化资源数据库建设；四要推进新型数字基础设施及配套建设，加快布局5G网络、大数据中心、人工智能等新型数字基础设施；五要加大对优质数字文化产品开发的支持力度，引导构建合理的数字文化原创产品多元开发利益分配机制，提升优质数字文化内容的原创力；六要加强与高校合作，借势高校"双一流"建设，围绕理想信念、职业发展、社会服务、文化传承四个主题，提升青年教师的职业素养，注重数字经济、文化管理师资的培养，加强数字经济、文化管理人才队伍建设，为构建铸牢中华民族共同体意识的长效机制夯实基础。

参考文献

［1］Altenburg. How to Promote Clusters: Policy Experiences from Latin America［J］. World Development, 1999, 27: 1693-1913.

［2］Andersen H T, Moller-Tensen L, Engelstoft S. The End of Urbanization? Towards Anewurban Concept or Rethinking Urbanization［J］. European Planning Studies , 2011, 19: 595-611.

［3］Andersson M, Karlsson C. Regional Innovation Systems in Small and Medium Sized Region［J］. The Emerging Digital Economy, 2002, 14(2): 216-219.

［4］Arthur W B. Urban Systems and Historical Path – dependence. Increasing Returns and Path Dependence in the Economy［M］. Lansing: Michigan the University of Michigan Press, 1994.

［5］Barnes J A. Class and Committees in a Norwegian Island Parish［J］. Human Relations, 1954, 7(1): 39-58.

［6］Bathelt H. Cluster Relations in the Media Industry: Exploring the "Distanced Neighbour" Paradox in Leipzig［J］. Regional Studies, 2005, 39: 105-127.

［7］Boudeville, J. R. Problems of Regional Economic Planning［M］. Edinburgh: Edinburgh University Press, 1966.

［8］Bourdieu P. The Logic of Practice［M］. Stanford: Stanford University Press,1990.

［9］Brown A, Justin O'Connor, Sara Cohen. Local Music Policies within a Global Music Industry: Cultural Quarters in Manchester and Sheffield［J］. Geoforum, 2000, 31: 437-451.

［10］Burgess E W. The Growth of the City: An Introduction to a Research

Project[M]//Park R E, Burgess E W, Mckenzie R D. The City: Suggestions for Investigation of Human Behavior in the Urban Environment. Chicago: University of Chicago Press, 1925: 47-62.

[11] Christaller W. Central Places in Southern Germany[M]. Jena: Gustav Fischer, 1933.

[12]Coase R H. The Nature of the Firm[J]. Economica, 1937, 4: 386-405.

[13]Cronon W. Nature's Metropolis: Chicago and the Great West[M]. New York: W. W. Norton & Company, 1991.

[14] Demsetz H. Toward a Theory of Property Rights[J]. American Economic Review, 1967.

[15]Dong X B, Zhu H, Hu C Q. Protection of Intellectual Property Rights and Industrial Agglomeration: Evidence from the Creative Industries in China[J]. The Chinese Economy, 2015, 48: 22-40.

[16] Florida R. The Rise of the Creative Class[M]. New York: Basic Books, 2002.

[17] Friedmann, J. Regional Development Policy: A Case Study of Venezuela[M]. Cambridge: MIT Press, 1966.

[18]Fujita M, Mori T. The Role of Ports in the Making of Major Cities: Self-agglomeration and Hub-effect[J]. Journal of Development Economics, 1997, 499: 3-120.

[19]GAO L H, WANG G Q, ZHANG J. Industrial Agglomeration Analysis Based on Spatial Durbin Model: Evidence from Beijing-Tianjin-Hebei Economic Circle in China[J]. Journal of Regional Economics and Sustainable Development, 2021, 15(3): 45-60.

[20]Geddes P. Cities in Evolution: An Introduction to the Town Planning Movement and to the Study of Civics[M]. London: Williams & Norgate, 1919.

[21] Gottman J. Megalopolis or the Urbanization of the Northeastern Seaboard[J]. Economic Geography, 1957, 33: 31-40.

[22]Gottmann J. Megalopolis: The Urbanized Northeastern Seaboard of the United States[M]. New York: Twentieth Century Fund, 1961.

［23］Heckscher E, Ohlin B. The Theory of International Trade［M］. Cambridge: Harvard University Press, 1935.

［24］Henderson J V, Wang H G. Urbanization and City Growth: The Role of Institutions［J］. Regional Science and Urban Economics, 2007, 37: 283-313.

［25］He Y J, Fu L P. Simulation Model of Cultural Industry Agglomeration Based on SD-System Dynamics Theory［J］. Key Engineering Materials, 2013, 584: 312-317.

［26］Howard E. Garden Cities of Tomorrow［M］. London: S. Sonnenschein & Co. , Ltd, 1902.

［27］Kaufmann A, Todtling F. System of Innovation in Traditional Industrial Regions: The Case of Styria in a Comparative Perspective［J］. Regional Studies, 2000, 34(1): 158-162.

［28］Keeble D, Nacham L. Why Do Business Service Firm Cluser? Small Consultancies, Clustering and Decentralization in London and Southern England［J］. Transactions of the Institute of British Geographers, 2022, 27: 67-90.

［29］Lucas R E. On the Mechanics of Economic Development［J］. Journal of Monetary Economics, 1988, 22: 3-42.

［30］Maillat C. Innovative Milieux and New Generations of Regional Policies［J］. Entrepreneurship & Regional Development, 1998, 6(7): 16-17.

［31］Malecki E J. Technology and Regional Development: A Survey［J］. American Planning Association Journal, 1984, 50(3): 262-266.

［32］Marshall A. Principles of Economics［M］. London: Macmillan and Company, 1890.

［33］Maskell P, Kebir L. Clusters and Regional Development: Critical Reflections and Explorations［M］. London: Routledge, 2005.

［34］Mommaas H. Cultural Clusters and the Post-industrial City: Towards the Remapping of Urban Cultural Policy［J］. Urban Studies, 2004, 41(3): 507-532.

［35］Ohlin B. Interregional and International Trade［M］. Cambridge: Harvard University Press, 1933.

［36］Paul Krugman, Richard N. Cooper, and T. N. Srinivasan. Growing World Trade: Causes and Consequences［J］. Brookings Papers on Economic Activity, 1995(1): 327-377.

［37］Perroux F. Note sur la notion depôle de croissance［J］. Économie Appliquée, 1955, 8(1-2): 307-320.

［38］Peters E, Hood N. Implementing the Cluster Approach［J］. International Studies of Management and Organization, 2000, 30: 68-92.

［39］Perroux F. Economic Space: Theory and Applications［J］. Quarterly Journal of Economics, 1950, 64(1): 89-104.

［40］Porter M E. Clusters and the new economics of competition［J］. Harvard Business Review, 1998, 76(6): 77-90.

［41］Porter M E. On Competition［M］. Watertown: Harvard Business Review Press,1998.

［42］Pouder R John C H. St. Hot Spots and Blind Spots: Geographical Clusters of Firms and Innovation［J］. Academy of Management Review, 1996, 21: 1192-1225.

［43］Pratt A C. Creative Clusters: Towards the Governance of the Creative Industries Production System?［J］. Media Internatianal Australian, 2004, 112: 50-66.

［44］Pumhiran N. The Cultural Industries Cluster and the Remarking of Urban Place in the London City Fringe［J］. Traditional Dwellings and Settlements Review, 2006, 18: 24.

［45］Putnam R D. Bowling Alone: The Collapse and Revival of American Community［M］. New York: Simon & Schuster, 2000.

［46］Schumpeter J A. The Theory of Economic Development: An Inquiry into Profits, Capital, Credit, Interest, and the Business Cycle［M］. London: Transaction Publishers, 1934.

［47］Schumpeter J A. The Theory of Economic Development［M］. Berlin: Duncker & Humblot, 1912.

［48］Scott A J. Entrepreneurship, Innovation and Industrial Development: Geography and Creative Field Revisited［J］. Small Business Economics, 2006(26):

1-24.

[49]Scott A J . The Craft, Fashion, and Cultural-products Industries of Los Angeles: Competitive Dynamics and Policy Dilennas in a Multisectoral Imageproducing Complex[J]. Annals of the Association of American Geographers, 1996, 86: 306-323.

[50]Smith A. An Inquiry into the Nature and Causes of the Wealth of Nations[M]. London: W. Strahan and T. Cadell, 1776.

[51]Tylor E B. Primitive Culture: Researches into the Development of Mythology, Philosophy, Religion, Language, Art, and Custom[M]. London: John Murray, 1871.

[52]Unwin R. Town Planning in Practice: An Introduction to the Art of Designing Cities and Suburbs[M]. London: T. Fisher Unwin, 1927.

[53]阿尔弗雷德·韦伯. 工业区位论[M]. 李刚剑, 陈志人, 张英保, 译. 北京: 商务印书馆, 1997.

[54]埃比尼泽·霍华德. 明日的田园城市[M]. 金经元, 译. 北京: 商务印书馆, 2010.

[55]安虎森. 增长极理论评述[J]. 南开经济研究, 1997(1): 31-37.

[56]奥利弗·E. 威廉姆森. 资本主义经济制度[M]. 段毅才, 王伟, 译. 北京: 商务印书馆, 2011.

[57]蔡达峰. 城市文化建设的本质内涵与实现策略[J]. 上海城市管理, 2016(4): 12-16.

[58]曹广忠, 陈思创, 刘涛. 中国五大城市群人口流入的空间模式及变动趋势[J]. 地理学报, 2021(6): 1334-1349.

[59]陈国亮, 陈建军. 产业关联、空间地理与二三产业共同集聚——来自中国212个城市的经验考察[J]. 管理世界, 2012(4): 82-100.

[60]陈建军, 葛宝琴. 文化创意产业的集聚效应及影响因素分析[J]. 当代经济管理, 2008(9): 71-75.

[61]陈良文, 杨开忠. 集聚经济的六类模型: 一个研究综述[J]. 经济科学, 2006(6): 107-117.

[62]陈少峰, 王帅. 城镇化进程中的城市文化建设[J]. 中国特色社会主义研究, 2014(2): 81-85.

[63]陈少峰，朱嘉．中国文化产业十年（1999—2009）［M］．北京：金城出版社，2010．

[64]陈伟国，范大良．论我国城市群发展的制度创新［J］．贵州社会科学，2004(4)：17-19．

[65]陈修颖．长江经济带空间结构演化及重组［J］．地理学报，2007(12)：1265-1276．

[66]陈祖海，雷朱家华．中国环境污染变动的时空特征及其经济驱动因素［J］．地理研究，2015(11)：2165-2178．

[67]程开明，洪真奕．城市人口聚集度对空气污染的影响效应——基于双边随机前沿模型［J］．中国人口·资源与环境，2022(2)：51-62．

[68]程玉鸿，罗金济．城市群协调发展研究述评［J］．城市问题，2013(1)：26-31．

[69]池仁勇，杨潇．行业集聚度、集聚结构类型与技术进步的动态关系研究：以浙江省制造业为实证［J］．经济地理，2010，30(12)：2050-2056，2066．

[70]楚尔鸣，何鑫．不同城市的房价是否具有相同的人口集聚效应——基于35个大中城市PVAR模型的实证分析［J］．统计与信息论坛，2016(3)：81-89．

[71]褚劲风．上海创意产业集聚空间组织研究［D］．上海：华东师范大学，2008．

[72]单霁翔．从"功能城市"走向"文化城市"发展路径辨析［J］．文艺研究，2007(3)：41-53．

[73]党兴华，赵憬，张迎旭．城市群协调发展评价理论与方法研究［J］．当代经济科学，2007(6)：110-115．

[74]丁芸，赵文．城市群制度创新——实现我国区域协调发展的必然选择［J］．青岛科技大学学报，2005(4)：7-11．

[75]董春风，何骏．区域一体化发展提升城市创新能力了吗——来自长三角城市群扩容的经验证据［J］．现代经济探讨，2021(9)：109-118．

[76]董晗．关于构筑呼包鄂两小时城市经济圈的思考［J］．中国高新技术企业，2009(7)：63-64．

[77]董秋霞，高长春．基于熵值法和TOPSIS法的创意产业集群网络

式创新能力评价研究[J]. 软科学, 2012, 26(4): 12-16.

[78]董晓萍. 西部民族地区文化产业转型发展的思考[J]. 前沿, 2019(6): 81-86.

[79]豆建民, 张可. 集聚与污染: 研究评述及展望[J]. 苏州大学学报(哲学社会科学版), 2014(2): 109-118.

[80]杜旻, 刘长全. 集聚效应、人口流动与城市增长[J]. 人口与经济, 2014(6): 44-56.

[81]方创琳. 城市群空间范围识别标准的研究进展与基本判断[J]. 城市规划学刊, 2009(4): 1-6.

[82]方创琳. 科学选择与分级培育适应新常态发展的中国城市群[J]. 中国科学院院刊, 2015(2): 127-136.

[83]方创琳, 姚士谋, 刘盛和, 等. 中国城市群发展报告[M]. 北京: 科学出版社, 2011.

[84]方创琳. 中国城市群形成发育的政策作用路径与实施效果展望[J]. 地理科学, 2012(3): 257-264.

[85]方田红, 曾刚. 大城市内城创意产业集群形成演化的影响因素分析——以上海M50为例[J]. 华东理工大学学报(社会科学版), 2013, 28(5): 39-45.

[86]方英. 文化强国战略下我国数字文化贸易高质量发展研究[J]. 人民论坛, 2022(20): 84-89.

[87]方英, 吴雪纯. 我国文化贸易数字化发展的正效应及推进方略[J]. 现代传播(中国传媒大学学报), 2020(11): 1-7.

[88]冯月. 人口与经济集聚的空间效应——以成渝地区双城经济圈为例[J]. 西南民族大学学报(人文社会科学版), 2022(2): 127-135.

[89]付永萍. 基于生态学的创意产业集群创新机制研究[D]. 上海: 东华大学, 2013.

[90]傅晓冬. 数字经济对中国文化产品出口贸易的影响研究[D]. 北京: 中央财经大学, 2022.

[91]盖文启, 王缉慈. 论区域创新网络对我国高新技术中小企业发展的作用[J]. 中国软科学, 1999(9): 102-106.

[92]高汝熹, 罗守贵. 论都市圈的整体性、成长动力及中国都市圈的

发展态势[J]. 现代城市研究，2006(8)：5-11.

[93]顾江，车树林. 资源错配、产业集聚与中国文化产业发展——基于供给侧改革视角[J]. 福建论坛(人文社会科学版)，2017(2)：15-21.

[94]顾江. 文化产业研究(第3辑)：文化软实力与产业竞争力[M]. 南京：东南大学出版社，2009.

[95]顾江，昝胜锋. 亚洲国家文化产业集群发展模式比较研究[J]. 南京社会科学，2009(6)：38-41.

[96]管志杰. 常州中小型企业自主创新机制研究[J]. 江苏工业学院学报(社会科学版)，2009，10(1)：59-62.

[97]郭启光. 西部民族地区文化产业发展效率评价[J]. 东北财经大学学报，2019(5)：37-44.

[98]国家发改委国地所课题组，肖金成. 我国城市群的发展阶段与十大城市群的功能定位[J]. 改革，2009(9)：5-23.

[99]韩峰，李玉双. 产业集聚、公共服务供给与城市规模扩张[J]. 经济研究，2019(11)：149-164.

[100]韩坚，费婷怡，吴胜男，等. 产业集聚、空间效应与区域创新研究[J]. 财政研究，2017(8)：90-100.

[101]郝亮. 数字经济时代知识产权保护和发展的机遇与挑战[J]. 商展经济，2023(17)：66-69.

[102]贺灿飞，朱晟君. 中国产业发展与布局的关联法则[J]. 地理学报，2020(12)：2684-2698.

[103]洪扬，王佃利. 京津冀协同治理对区域污染排放的影响研究——基于双重差分模型的实证分析[J]. 软科学，2021(7)：51-58.

[104]胡惠林，陈昕. 中国文化产业评论(第11卷)[M]. 上海：上海人民出版社，2010.

[105]胡惠林，陈昕. 中国文化产业评论(第10卷)[M]. 上海：上海人民出版社，2009.

[106]胡惠林，陈昕. 中国文化产业评论(第9卷)[M]. 上海：上海人民出版社，2009.

[107]胡惠林，陈昕. 中国文化产业评论(第12卷)[M]. 上海：上海人民出版社，2010.

［108］胡惠林，陈昕. 中国文化产业评论（第8卷）［M］. 上海：上海人民出版社，2008.

［109］胡序威. 对城市化研究中某些城市与区域概念的探讨［J］. 城市规划，2003（4）：28-32.

［110］花建. 产业丛与知识源——论文化创意产业集聚区的内在规律和发展动力［J］. 上海财经大学学报，2007（4）：3-8，31.

［111］花建. 推动文化产业的集聚发展——"十二五"期间提升中国文化软实力的重大课题［J］. 社会科学，2011（1）：14-22.

［112］华正伟. 文化创意产业集群空间效应探析［J］. 生产力研究，2011（2）：9-10.

［113］皇甫涛. 中国文化贸易高质量数字化发展研究［J］. 技术经济与管理研究，2021（10）：119-122.

［114］贾卓，陈兴鹏，袁媛. 中国西部城市群城市间联系测度与功能升级研究［J］. 城市发展研究，2013（4）：71-76.

［115］江凌. 中国文化企业自主创新的现状与提升路径［J］. 云南社会科学，2013（1）：98-102.

［116］姜照君，吴志斌. 文化创意产业集聚与城市化耦合的实证研究——基于系统耦合互动的视角［J］. 现代传播（中国传媒大学学报），2016（2）：129-133.

［117］解学芳，臧志彭. "互联网+"时代文化上市公司的生命周期与跨界演化机理［J］. 社会科学研究，2017（1）：29-36.

［118］金江磊. 中西部文化产业集群的区域竞争优势研究［J］. 中国市场，2015（3）：100-101.

［119］金韬. 宜居城市的文化维度［J］. 山东行政学院学报，2013（6）：140-143.

［120］金元浦. 文化创意产业概论［M］. 北京：高等教育出版社，2010.

［121］康小明，向勇. 产业集群与文化产业竞争力的提升［J］. 北京大学学报（哲学社会科学版），2005（2）：17-21.

［122］克鲁格曼，高宁，余维国. 亚洲经济真会复苏吗？［J］. 现代外国哲学社会科学文摘，1999（9）：2-4，27.

[123]孔建华. 文化经济的融合发展与政府策略——北京文化创意产业发展述评(2006—2007)[J]. 中国文化产业评论,2008,8(2):207-220.

[124]兰秀娟,张卫国,裴璇. 城市群空间功能分工、企业全要素生产率与资源错配[J]. 统计与决策,2022,38(21):113-117.

[125]李康化,王禹鑫. 数字文化贸易的发展格局与提升路径[J]. 艺术百家,2023(1):32-40.

[126]李莎,刘思峰. 江苏省IT产业集聚对竞争力的影响[J]. 经济纵横,2006(10):96-98.

[127]李文秀. 服务业的城市集聚机理理论与实证研究:来自纽约、东京的例证及其对我国的启示[J]. 产经评论,2012(4):36-45.

[128]李霞,单彦名,安艺. 城市特色与特色城市文化传承探讨——基于义乌城市建设文脉研究[J]. 城市发展研究,2014(6):13-17.

[129]李湘. 俄林的国际贸易理论评介[J]. 外国经济与管理,1987,9(8):1-3.

[130]李勇刚,张鹏. 产业集聚加剧了中国的环境污染吗——来自中国省级层面的经验证据[J]. 华中科技大学学报(社会科学版),2013(5):97-106.

[131]李勇辉,沈波澜,胡舜,等. 生产性服务业集聚空间效应与城市技术创新——基于长江经济带108个城市面板数据的实证分析[J]. 经济地理,2021(11):65-76.

[132]李治国,王杰,王叶薇. 经济集聚扩大绿色经济效率差距了吗?——来自黄河流域城市群的经验证据[J]. 产业经济研究,2022(1):29-42.

[133]厉无畏. 上海创意产业发展的思路与对策[J]. 上海经济,2005(S1):66-71.

[134]刘凤根,王一丁,颜建军,等. 城市资源配置、人口集聚与房地产价格上涨——来自全国95个城市的经验证据[J]. 中国管理科学,2022(7):31-46.

[135]刘洁,张新乐,陈海波. 长三角地区人口集聚对经济高质量发展的影响[J]. 华东经济管理,2022(2):12-20.

[136]刘立云. 中西部文化产业集群的区域竞争优势研究[J]. 中国软科学, 2011(S2): 199-205.

[137]刘乃全, 吴友. 长三角扩容能促进区域经济共同增长吗[J]. 中国工业经济, 2017(6): 79-97.

[138]刘瑞杰. 论城市特色文化建设[J]. 河北大学学报(哲学社会科学版), 2010(5): 117-122.

[139]刘卫东, 樊杰, 周成虎. 西部开发重点区域规划前期研究[M]. 北京: 商务印书馆, 2003.

[140]刘习平, 宋德勇. 城市产业集聚对城市环境的影响[J]. 城市问题, 2013(3): 9-15.

[141]刘奕, 马胜杰. 我国创意产业集群发展的现状与政策[J]. 学习与探索, 2007(3): 136-138.

[142]刘友金, 罗登辉. 城际战略产业链与城市群发展战略[J]. 经济地理, 2009, 29(4): 601-607.

[143]刘宇, 王炤淋. 文化产业赋能我国西部地区文化资源振兴的路径研究[J]. 青海民族研究, 2022(3): 59-64.

[144]吕云涛, 赵芙蓉. 青岛市城市文化特色凝练与城市精神塑造理论[J]. 经济研究导刊, 2016(22): 116-117, 176.

[145]栾阿诗, 沈山. 江苏文化产业集聚度测算及其分布特征研究[J]. 经济师, 2017(12): 21-23.

[146]罗伯特·D. 帕特南. 流动中的民主政体[M]. 北京: 社会科学文献出版社, 2014.

[147]罗明义. 论城市圈域经济的形成规律及特点[J]. 思想战线, 1998(4): 9-14, 51.

[148]骆玲, 史敦友. 单中心城市群产业分工的演化规律与实证研究——以长三角城市群与珠三角城市群为例[J]. 南方经济, 2015(3): 120-128.

[149]麻敏, 李勇. 文化产业集群竞争力的评价方法[J]. 统计与决策, 2014(1): 83-86.

[150]马里奥·波利斯. 富城市, 穷城市: 城市繁荣与衰落的秘密[M]. 北京: 新华出版社, 2011.

[151]马绍孟，樊勇．谈全面建设小康社会中的文化建设[J]．湖南文理学院学报(社会科学版)，2004(3)：27-29．

[152]马首．我国区域文化产业竞争力研究[M]．北京：社会科学文献出版社，2011．

[153]迈克尔·波特．国家竞争优势[M]．李明轩，邱如美，译．北京：华夏出版社，2002．

[154]麦肯齐，罗德里克·邓肯．大都市社区[M]．上海：上海三联书店，2017．

[155]毛磊．演化博弈视角下创意产业集群企业创新竞合机制分析[J]．科技进步与对策，2010，27(8)：104-106．

[156]毛颖超．基于模糊算法和径向基神经网络的聚类研究[D]．大连：大连理工大学，2022．

[157]孟来果，李向东．我国西部地区文化产业园集群发展的特征、问题及对策[J]．学术交流，2012(3)：116-119．

[158]孟来果．文化创意产业企业文化营销战略构建[J]．商业时代，2013(25)：38-40．

[159]倪鹏飞，谢海生．中国城市竞争力 2009 年度述评[J]．综合竞争力，2010(3)：26-33．

[160]倪鹏飞．中国城市竞争力报告 No.8[M]．北京：社会科学文献出版社，2010．

[161]倪志娟．中国城市文化的内涵及其特点[J]．南京师范大学文学院学报，2006(2)：73-80．

[162]牛文元．中国新型城市化报告 2012[M]．北京：科学出版社，2013．

[163]诺斯．制度、制度变迁与经济成就[M]．上海：格致出版社，2008-10．

[164]皮埃尔·布迪厄．社会学的问题[M]．上海：同济大学出版社，2004-12．

[165]钱紫华．深圳文化产业集聚体研究[D]．广州：中山大学，2007．

[166]秦德君．城市文化创新的界面、廊道与维度[J]．学术界，2016(5)：

53-60.

[167]邱珊. 基于集聚熵理论的中国文化产业空间集聚度测算[J]. 统计与决策, 2016(1)：139-141.

[168]任珺. 文化的公共性与新兴城市文化治理机制探讨[J]. 福建论坛(人文社会科学版), 2015(2)：74-79.

[169]任致远. 关于城市文化发展的思考[J]. 城市发展研究, 2012(5)：50-54.

[170]邵军, 施震凯. 数字经济背景下推动文化贸易发展的对策研究[J]. 江南论坛, 2022(5)：4-7.

[171]邵军, 杨丹辉. 全球数字服务税的演进动态与中国的应对策略[J]. 国际经济评论, 2021(3)：121-136, 7.

[172]史育龙, 周一星. 关于大都市带(都市连绵区)研究的论争及近今进展述评[J]. 国际城市规划, 2009, 24(S1)：160-166.

[173]史征, 刘小丹. 文化产业集群与文化产业竞争力影响研究[J]. 经济论坛, 2008(17)：4-6.

[174]宋建国, 宿州流韵[M]. 合肥：安徽人民出版社, 2014.

[175]孙斌栋, 丁嵩. 大城市有利于小城市的经济增长吗？——来自长三角城市群的证据[J]. 地理研究, 2016(9)：1615-1625.

[176]孙祥栋, 张亮亮, 赵峥. 城市集聚经济的来源：专业化还是多样化——基于中国城市面板数据的实证分析[J]. 财经科学, 2016(2)：113-122.

[177]孙智君, 李响. 长江经济带文化产业集聚水平测度及影响因素研究[J]. 学习与实践, 2015(4)：49-58.

[178]泰勒. 原始文化[M]. 蔡江浓, 译. 杭州：浙江人民出版社, 1988.

[179]陶永宏, 冯俊文, 盛永祥. 产业集群企业入群行为的博弈分析[J]. 华东船舶工业学院学报(自然科学版), 2005(5)：94-98.

[180]汪阳红, 贾若祥. 我国城市群发展思路研究——基于三大关系视角[J]. 经济学动态, 2014(2)：74-83.

[181]王发明, 蔡宁. 基于组织生态理论的产业集群演进动力研究[J]. 现代管理科学, 2009(3)：37-39.

[182]王怀成, 张连马, 蒋晓威. 泛长三角产业发展与环境污染的空

间关联性研究[J].中国人口·资源与环境,2014(S1):55-59.

[183]王婕.中国新型城镇化与人的发展研究[J].改革与战略,2014(2):11-13.

[184]王娟.中国城市群演进研究[D].成都:西南财经大学,2012.

[185]王丽君.创意产业集群的形成因素研究[D].北京:北京交通大学,2007.

[186]王猛,王有鑫.城市文化产业集聚的影响因素研究——来自35个大中城市的证据[J].江西财经大学学报,2015(1):12-20.

[187]王伟.工业化、城市化与人口集聚分析——以长春市为例[J].经济研究导刊,2022(7):74-77.

[188]王伟年.城市文化产业的区位因素和地域组织的理论研究[D].长春:东北师范大学,2007.

[189]王向东,刘卫东."理想城市"规划理论的若干发展趋势[J].城乡建设,2012(10):32-34.

[190]王雪辉,谷国锋,王建康.产业集聚、空间溢出效应与地区工资差距——基于285个地级市的面板数据[J].云南财经大学学报,2016(4):54-63.

[191]王雨枫,曹洪军.哈长—辽中南城市群扩张时空特征及驱动因素[J].东北大学学报(自然科学版),2021(5):755-760.

[192]王元.城镇化进程中的城市文化安全与文化遗产保护[J].北京社会科学,2015(3):96-102.

[193]魏守华.集群竞争力的动力机制以及实证分析[J].中国工业经济,2002(10):27-34.

[194]吴闫.我国西部地区城市群发展策略研究[J].福建金融管理干部学院学报,2014(1):57-64.

[195]向德平,田北海.论我国城市文化建设存在的问题及对策[J].武汉大学学报(社会科学版),2003(2):252-256.

[196]向昕,童飞,黄寰.产业集聚对重点城市群产业结构升级的影响分析[J].区域经济评论,2021(5):84-90.

[197]向勇,陈娴颖.文化产业园区理想模型与"曲江模式"分析[J].东岳论丛,2010(12):139-143.

［198］肖金成. 让城市群承载城镇化［J］. 中国投资，2013（1）：35-37.

［199］熊建练，吴茜，任英华. 文化产业空间集聚特征与动态规律的实证分析［J］. 统计与决策，2016（19）：84-88.

［200］熊建练，肖楚博，任英华. 我国城市文化产业集聚竞争力比较研究［J］. 统计与决策，2017（1）：60-63.

［201］徐强. 中国产业集聚形成机理与发展对策研究［D］. 厦门：厦门大学，2003.

［202］姚常成，宋冬林. 借用规模、网络外部性与城市群集聚经济［J］. 产业经济研究，2019（2）：76-87.

［203］姚士谋. 我国城市群的特征、类型与空间布局［J］. 城市问题，1992（1）：10-15，66.

［204］叶朗. 中国文化产业年度发展报告（2010）［M］. 北京：北京大学出版社，2010.

［205］尹宏. 文创产业建圈强链高质量发展的思考和建议［J］. 先锋，2022（12）：62-64.

［206］尹妙群. 城市文化价值链的理论研究与构建［J］. 理论与改革，2016（1）：175-179.

［207］于光妍，周正. 城市群产业分工、结构升级与经济增长［J］. 技术经济与管理研究，2021（11）：116-120.

［208］于洪俊，宁越敏. 经济地理概论［M］. 合肥：安徽科学技术出版社，1983.

［209］于淑楠，薛勇军. 新发展格局下西部民族地区文化产业高质量发展评价研究［J］. 时代经贸，2023（4）：116-119.

［210］于洋. 城市文化建设中的城市形象塑造——以大连为例［J］. 中共济南市委党校学报，2014（4）：43-45.

［211］袁丹，雷宏振. 我国西部地区文化旅游产业发展效率与产业集群研究［J］. 内蒙古社会科学（汉文版），2013（7）：158-162.

［212］袁海. 文化产业集聚的形成及效应研究［D］. 西安：陕西师范大学，2012.

［213］袁海. 中国省域文化产业集聚影响因素实证分析［J］. 经济经纬，2010（3）：65-67.

[214]臧堃，徐驰．数字文化贸易企业的国际化发展合作经营战略[J]．全国流通经济，2022(5)：55-57．

[215]张澳夫，包瑜．"呼包鄂"经济圈经济增长的实证分析[J]．全国商情，2009(8)：52-54．

[216]张变玲．文化产业集聚的影响因素研究——基于中国30个省市面板数据的实证分析[J]．科技和产业，2016(12)：69-74．

[217]张华明，元鹏飞，朱治双．中国城市人口规模、产业集聚与碳排放[J]．中国环境科学，2021(5)：2459-2470．

[218]张怀民，杨丹．城市文化软实力提升路径选择：武汉文化软实力发展研究[J]．科技进步与对策；2013(5)：47-52．

[219]张谨．我国城市文化建设存在的主要问题及其对策[J]．中华文化论坛，2015(3)：5-10，191．

[220]张京成，刘光宇．我国创意产业发展现状与趋势[J]．北京联合大学学报(人文社会科学版)，2011，9(2)：78-83．

[221]张丽堂，唐学斌．市政学[M]．台北：五南图书出版公司．

[222]张梅青，盈利．创意产业集群网络结构演进机制研究[J]．中国软科学，2009(S1)：231-238．

[223]张望．中国文化创意产业发展模式研究[D]．江苏：南京大学，2011．

[224]张伟，马彦琳．国外城市集群发展动力研究述评城市问题[J]．城市问题，2011(8)：82-86．

[225]张晓明．国际文化产业发展报[M]．北京：三辰影库音像出版社，2009．

[226]张云飞，张晓欢．试论我国文化产业园区建设的现状、问题与对策[J]．中国市场，2013(5)：42-49．

[227]张振鹏，马力．文化创意产业集群形成机理探讨[J]．经济体制改革，2011(2)：176-180．

[228]张钟汝．"社区"概念的由来、本质特点及其应用——上海大学文学院社会学系"社区"讨论会综述[J]．社会，1984(4)：14-15．

[229]章友德．城市化进程中基层工会组织的角色扮演与社会和谐[J]．工会理论研究(上海工会管理职业学院学报)，2009(6)：4-8．

[230]赵观兵，梅强，万武. 创业环境动态性、创业者特质与创业资源识别关系的实证研究——以产业集群为视角[J]. 科学学与科学技术管理，2010，31(8)：90-96.

[231]赵娜，王博，刘燕. 城市群、集聚效应与"投资潮涌"——基于中国 20 个城市群的实证研究[J]. 中国工业经济，2017(11)：81-99.

[232]赵书华，王华强. 北京文化产业发展影响因素的灰色关联分析[J]. 经济论坛，2008(9)：15-17.

[233]赵星，刘军辉，马骥. 我国文化产业集聚的动力机制分析——基于空间经济学 TP 模型的方法[J]. 西南民族大学学报(人文社科版)，2016(4)：106-115.

[234]赵勇，齐讴歌. 空间功能分工有助于缩小地区差距吗？——基于 2003 年~2011 年中国城市群面板数据的实证分析[J]. 城市与环境研究，2015(4)：29-48.

[235]赵子辛，黄蕊. 数字文化产业虚拟集群的组成架构、运行方式与合作网络研究[J]. 北京文化创意，2023(2)：4-13.

[236]郑崇选. 当前城市文化政策的实践考察与问题反思[J]. 上海城市管理，2016(4)：17-21.

[237]郑鹏程，张坤. 如何防止部门利益和地方保护主义法律化[N]. 光明日报，2015-05-24(7).

[238]周春山. 发挥人口集聚效应建设现代化的城市群和都市圈[J]. 国家治理，2021(31)：19-24.

[239]朱春阳，曾培伦. 基于网络平台的动画产业集群创新网络再造与虚拟化转型——以美日中为例[J]. 同济大学学报(社会科学版)，2020，31(5)：25-35.